FROM GOOD TO
GREAT

Aufgeben, nachgeben oder alles geben.

von Richard Pallman

Die Ratschläge in diesem Buch sind vom Autor und vom Verlag sorgfältig erwogen und geprüft worden. Sie bieten jedoch keinen Ersatz für kompetenten medizinischen Rat. Alle Angaben in diesem Buch erfolgen daher ohne jegliche Gewährleistung oder Garantie seitens des Verlages oder des Autors. Eine Haftung des Autors bzw. des Verlages für Personen-, Sach- und Vermögensschäden ist ebenfalls ausgeschlossen.

Copyright © 2017 Richard Pallman

All Rights Reserved.

Cover Design by Emily Karen

Amazon Publishing

INHALT

1. Wie lange haben wir? — 5
2. Morgen kommt vielleicht nie — 7
3. Niemals aufgeben — 9
4. Den Kurs ändern — 13
5. Verantwortung übernehmen — 15
6. Keine Ausreden — 17
7. Alles eine Frage der Perspektive — 20
8. Was wollen wir? — 24
9. Es ist möglich — 29
10. Der Glaube an sich selbst — 32
11. Warum Ziele? — 36
12. Jeder Plan ist temporär — 42
13. Konkrete Schritte festlegen — 44
14. Die Handbremse lösen — 47
15. Konkrete Handlungen — 49
16. Fehler gehören zum Lernprozess — 54
17. Ängste meistern — 56
18. Persönlicher Einsatz — 61

19	Ablehnung	63
20	Warum Feedback?	66
21	Die wahrscheinlich wichtigste Frage	72
22	Auf Feedback reagieren	75
23	Konstante Veränderung	79
24	Erfolge feiern	84
25	Ziele im Auge behalten	90
26	Was funktioniert nicht?	92
27	Unsere innere Stimme	96
28	Unser innerer Kritiker	103
29	Eigene Grenzen überwinden	108
30	Effektive Kommunikation	113
31	Wir müssen auch nein sagen können	116
32	Persönliches Wachstum	120
33	Was ist Erfolg?	124
34	Der Lauf des Lebens	126
35	Wir sind ein Wunder	129

Richard Pallman

1 WIE LANGE HABEN WIR?

Was wäre, wenn wir die genaue Lebenszeit kennen würden, die uns auf dieser Erde noch bleibt? Was wäre, wenn wir eine Sanduhr hätten, die uns die verbleibende Zeit vor Augen führt? Würden wir unsere Tage anders gestalten? Würden wir unsere Zeit anders einplanen? Würden wir unsere Zeit mit besonderen Menschen verbringen?

Sicherlich würde Zeit einen anderen Stellenwert in unserem Leben erhalten. Jedes Sandkorn, das herunterfällt, würde uns an unsere Sterblichkeit erinnern. Wir würden täglich daran erinnert werden, dass jede Sekunde und jede Minute in unserem Leben einzigartig ist. Wir würden täglich daran erinnert werden, dass kein Tag derselbe ist.

Es ist nicht der Tod, wovor die meisten Menschen Angst haben. Es ist die Angst davor zu merken, dass man nie wirklich gelebt hat.

Die meisten Menschen bereuen vor ihrem Tod die Dinge, die sie nicht gemacht hatten. Die Risiken, die sie nie annahmen und die Träume, denen sie nie nachstrebten.

From Good To Great

Das Leben ist zu kurz, um es zu verschwenden. Das Leben ist mehr als nur zu arbeiten und auf das Wochenende zu warten.

Jeder hat Talente und Träume. Wenn wir sie nicht nutzen und leben, sterben sie mit uns, wenn wir von dieser Welt gehen.

An jedem Tag wird der verbleibende Sand weniger und weniger. Es ist keine Zeit für Einschränkungen, wenn es um unsere Ziele und unser Glück geht.

Egal, was wir bisher geschafft haben oder noch vor uns haben. Es gibt keine Zeit für Bedauern.

Es ist wichtig, dass wir jede Minute in unserem Leben schätzen. Es ist wichtig, dass wir an unsere Liebe, unsere Träume und Wünsche glauben.

Es ist wichtig, dass wir morgens vor Begeisterung aufstehen und das Leben, das uns wichtig ist, leben. Geboren zu werden war der schwierigste Teil. Statistisch gesehen sind wir ein Wunder.

Richard Pallman

2 MORGEN KOMMT VIELLEICHT NIE

Morgen gehört zu gefährlichsten Worten in unserem Vokabular. Es gibt uns das Gefühl, dass eines Tages unsere Reise beginnen wird und wir bis dahin darauf warten können.

Morgen kann der Grund dafür sein, dass unsere Träume immer nur kleine Bilder in unserem Kopf bleiben und nie zur Realität werden.

Es ist eine Zuflucht für diejenigen, die Angst vor Veränderungen und dem Unbekannten haben.

Morgen schafft die Illusion, dass wir noch unser ganzes Leben vor uns haben, um dahin zu kommen, wo wir hin wollen.

Für einige bleibt das Morgen für immer und entwickelt sich in Bedauern, Handlungsstarre und Ausreden. Sie kommen nie dazu, das zu erleben, was sie sich wünschen.

Morgen bedeutet, dass es noch keinen ersten Schritt gab, was schlimmer ist, als ein holpriger Start.

Morgen ist nur eine Vision, nur eine Idee, die vielleicht niemals kommt. Es wird niemals einen wertvolleren Moment geben als den, den wir aktuell erleben. Alles, was wir haben, ist das Jetzt.

Unser Herz in der Brust, die Luft in unseren Lungen und das Blut in unseren Adern geben uns die Möglichkeit, jederzeit den Kurs zu wechseln und diejenige Person zu sein, die wir sein möchten. Sie geben uns die Möglichkeit, zu leben, zu begeistern und zu erreichen.

Das Letzte, was wir wollen, ist in 1000 Tagen zurückzublicken und sich zu wünschen, den Mut gehabt zu haben, das zu tun, was wir tun wollten.

Jede Reise beginnt mit einem ersten Schritt. Der mutige Schritt, der uns in Bewegung bringt, ohne zu wissen, was uns Morgen erwartet. Mit der Zuversicht, dass wir uns unserem Ziel nähern und auf dem Weg stärker, klüger und schlauer werden.

Indem wir das Morgen auf heute legen, wird es zur Realität. Heute ist der Unterschied zwischen "Ich bin" und "Ich wünschte, ich wäre".

3 NIEMALS AUFGEBEN

Erfolgreiche und glückliche Personen werden häufig als etwas Außergewöhnliches betrachtet. Sie verfügen jedoch nur selten über außergewöhnliche Talente und stehen vor gleichen Herausforderungen.

Sie erreichen ihr Ziel, weil sie niemals aufgeben und sich konstant weiterentwickeln. Ihre Schritte sind häufig so klein, dass sie nicht auffallen.

Es sind die kleinen Schritte, die konstant gemacht werden und sie voranbringen. Erst nach einer Weile fällt auf, wie weit sie eigentlich gegangen sind.

Sie haben Ziele, an die sie glauben. Sie sind davon überzeugt, dass sie das, was sie erreichen wollen, auch erreichen werden.

Auf dem Weg unsere Ziele zu erreichen, werden wir feststellen, dass die größte Herausforderung, der wir jemals begegnen werden, nichts mit den Leuten um uns herum zu tun hat.

Es ist nicht ein anderes Team, kein Arbeitskollege, kein Familienangehöriger, kein Klassenkamerad oder sonst eine Person.

Unsere größte Herausforderung werden immer wir selbst sein. Wir tragen die Verantwortung für unsere Erfolge und Misserfolge. Es ist unsere eigene Perspektive und Weltanschauung, die alles entscheidet.

Wir haben jeden Morgen die Wahl, ob wir positiv, negativ, optimistisch oder skeptisch sind. Wir entscheiden darüber, ob wir durchschnittlich oder außergewöhnlich sind.

Es liegt in unseren Händen. Nur wir selbst sind für unser Glück verantwortlich. Wir müssen diejenigen sein, die an uns glauben, auch wenn es kein anderer tut.

Wir müssen diejenigen sein, die an uns glauben, auch wenn es viel einfacher wäre, den Erwartungen anderer zu entsprechen.

Auch wenn alle um uns herum der Meinung sind, dass wir es nicht schaffen können. Die einzige Person, die davon überzeugt sein muss, sind wir selbst.

Jeder ist in der Lage, außergewöhnliche Ergebnisse in seinem Leben zu erzielen. Wir müssen nur damit beginnen, konkret zu handeln und niemals aufzugeben.

Wir können niemanden dafür bezahlen, unsere Liegestütze für uns zu machen, gesünder zu essen, effizienter zu trainieren, eine besondere Fähigkeit zu erlernen, unsere Beziehung zu verschönern, ein Buch zu lesen, eine Sprache zu erlernen oder eine Leidenschaft auszuleben.

Wir selbst müssen tun, was wir tun müssen, um dahin zu kommen, wo wir hin wollen. Niemand außer uns kann dies für uns übernehmen.

Wenn wir bereit sind, dies zu tun, werden wir es schaffen. Es gibt unzählige Beispiele dafür, dass es möglich ist.

J.K. Rowling

J.K. Rowling ist die Autorin von Harry Potter. Sie verlor ihren Job und ihren Mann, lebte von staatlicher Hilfe und hatte zu wenig Geld, um ihr Baby zu ernähren. Das war 1994, nur 3 Jahre vor der Veröffentlichung ihres ersten Buches. Sie hatte kein Geld für einen Computer und konnte sich die Kopierkosten nicht leisten.

Um mehrere Exemplare an verschiedene Verlage schicken zu können, schrieb sie jedes Exemplar mit 90.000 Wörtern per Hand ab. Das Buch wurde von diversen Verlagen abgelehnt, bis schließlich ein kleiner Londoner Verlag sich für die Veröffentlichung entschied.

Jim Carrey

Als Jim Carrey 14 Jahre alt war, verlor sein Vater seinen Job, was seine gesamte Familie in eine finanzielle Krise stürzte. Sie lebten in einem VW-Bus auf dem Grundstück von Bekannten. Jim Carrey nahm einen 8-Stunden-Job in einer Fabrik an, um seine Familie unterstützen zu können.

Seinen ersten Comedy-Auftritt machte er mit 15 Jahren und scheiterte dabei völlig. Mit 16 Jahren brach er die Schule ab und konzentrierte sich dann komplett auf Comedy. Er wuchs an Erfahrung, zog nach Los Angeles und drehte schließlich Filme wie Dumm und Dümmer und Ace Ventura und verdiente damit Millionen.

From Good To Great

Katy Perry

Katy Perry brach 1999 die Schule ab, um sich vollständig auf ihre Gesangskarriere zu fokussieren. Sie arbeitete als Gospelsängerin. 2001 veröffentlichte sie ihr erstes Album, was sich als finanzieller Flop herausstellte.

Nachdem nur 200 Exemplare verkauft wurden und die Plattenfirma pleite ging, zog Katy Perry nach Los Angeles, um Popmusik zu machen. Nach mehreren Misserfolgen und Absagen diverser Plattenfirmen begann sie im Jahr 2006 die Arbeit an ihrem ersten großen Hit "I Kissed a Girl".

Richard Pallman

4 DEN KURS ÄNDERN

"Wir können den Wind nicht ändern, aber die Segel anders setzen." - Aristoteles

Ein Boot bewegt sich auf dem Wasser und entfernt sich zunehmend vom Land.

Es ist nur ein kleines Objekt inmitten des riesigen Ozeans.

Für das Boot ist jeder Kurs möglich. Es gibt unendliche Möglichkeiten und unbegrenztes Potenzial.

Das Ziel könnte sich überall auf der Welt befinden.

Das Boot hinterlässt keine Spuren. Man kann nicht erkennen, über welchen Weg das Boot an die Stelle gekommen ist, an der es sich gerade befindet. Und man kann nicht erkennen, wohin die Reise geht.

Man sieht nicht, welche Umwege und Herausforderungen das Boot bereits hinter sich gebracht hat.

Alles, was das Boot hat, ist die aktuelle Position und die aktuelle Richtung.

Es ist jederzeit in der Lage, seine aktuelle Richtung zu ändern. Jede Sekunde und jede Minute kann für das Boot ein Neuanfang sein.

Dies ist eines der schönsten Dinge in unserem Leben. Jeder einzelne Tag stellt für uns ein weißes Blatt Papier dar, das wir so gestalten können, wie wir es uns wünschen.

Fehler der Vergangenheit, alte Gewohnheiten, falsche Freunde, nicht erfüllte Erwartungen existieren nur auf den Seiten davor und nur in dem Umfang, den wir zulassen.

Wir sind der Kapitän unseres Schiffes. Wir bestimmen die Richtung unseres Kurses.

Richard Pallman

5 VERANTWORTUNG ÜBERNEHMEN

"Wir können äußere Umstände, die Jahreszeiten und den Wind nicht ändern. Wir können immer nur uns selbst verändern." - Jim Rohn

Ein Mann sucht unter einer Laterne nach einem verlorenen Schlüssel. Als ein Fußgänger vorbeikommt, bietet er ihm seine Hilfe bei der Suche an.

Nach etwa einer Stunde vergeblicher Suche fragt der Fußgänger den Mann: "Jetzt haben wir alles schon mehrfach durchsucht. Bist du dir sicher, dass du den Schlüssel hier verloren hast?"

Der Mann antwortet: "Nein, ich habe den Schlüssel im Haus verloren. Weil das Licht drinnen nicht mehr funktioniert, bin ich rausgegangen, um hier weiter zu suchen. Hier draußen ist einfach mehr Licht."

Es ist wichtig, dass wir damit aufhören, draußen nach dem Schlüssel zu suchen, obwohl er sich an einem ganz anderen Ort befindet. Wir sollten aufhören, außerhalb von uns nach dem Grund zu suchen, warum die Qualität unseres Lebens nicht die ist, die wir uns wünschen.

Es gibt nicht irgendjemanden, der irgendwo und irgendwie dafür verantwortlich ist, dass wir ständiges Glück verspüren. Es gibt niemanden, der dafür verantwortlich ist, dass es uns gut geht.

Niemand außer uns ist für eine spannende Karrieremöglichkeit, unser Familienglück, unsere finanzielle Freiheit, unsere Gesundheit, unsere Fitness und unsere persönlichen Beziehungen verantwortlich.

Wenn wir Glück und Erfolg in unserem Leben erfahren wollen, müssen wir selbst zu 100 Prozent die Verantwortung in jedem Lebensbereich übernehmen.

Dazu gehören unsere Leistung, unsere Ergebnisse, die Qualität unserer Beziehungen, der Zustand unserer Gesundheit, unser Einkommen, unsere Gefühle und unsere körperliche Fitness.

Viele haben sich daran gewöhnt, äußere Umstände für die Situationen in ihrem Leben verantwortlich zu machen.

Sie sehen ihre Eltern, Vorgesetzte, Freunde, Mitarbeiter, den Ehepartner, die Kinder, das Wetter, die Wirtschaft und die Regierung als Ursache für ihre persönliche Situation.

Sie wollen nicht sehen, wo das eigentliche Problem liegt.

Um die Qualität unseres Lebens zu steigern, müssen wir die 100-prozentige Verantwortung für unser Leben übernehmen.

Verantwortung zu übernehmen heißt, mit seinen eigenen Handlungen eine positive Veränderung zu bringen.

6 KEINE AUSREDEN

"Neununbneunzig Prozent aller Misserfolge kommen von Leuten, die es als Gewohnheit haben, Ausreden zu suchen." - George Washington

Das, was wir heute sind, ist das Ergebnis zweier Dinge: Die Umstände, in die wir hineingeboren wurden, und die Summe all unserer Entscheidungen. In der Vergangenheit haben wir wahrscheinlich einige gute und einige weniger gute Entscheidungen getroffen.

Wichtig ist es zu akzeptieren, dass wir die Vergangenheit nicht verändern können. Die Vergangenheit ist Vergangenheit. Alles was zählt, ist das, was wir ab jetzt tun werden.

Wenn in Zukunft etwas anders läuft als wir uns vorstellen, werden wir nach der Ursache suchen. Wir werden uns fragen, was wir selbst falsch gemacht oder gedacht haben.

Täglich passieren Ereignisse, die wir nicht beeinflussen können. Das, was wir beeinflussen können, ist unsere Reaktion darauf. Das Ergebnis einer Sache ist immer die Summe beider Faktoren: Ereignis + Reaktion = Ergebnis.

Wenn uns ein Ergebnis nicht gefällt, gibt es zwei mögliche Entscheidungen, zwischen denen wir wählen können. Wir können entweder die Ereignisse oder unsere Reaktion auf die Ereignisse verantwortlich machen.

Machen wir die Ereignisse dafür verantwortlich, bedeutet es, dass ein äußerer Umstand wie die wirtschaftliche und politische Entwicklung, das Wetter, zu wenig Geld, zu geringe Bildung, unser Geschlecht, unsere Eltern, unser Partner, unsere Vorgesetzte oder unsere Freunde für unsere Ergebnisse verantwortlich sind.

Natürlich spielen all diese Faktoren eine wichtige Rolle. Wenn sie jedoch allein für unsere Ergebnisse verantwortlich wären, würde niemals jemand überhaupt etwas erreichen.

Barack Obama wäre niemals Präsident geworden, Sidney Poitier und Denzel Washington wären niemals Filmstars, Bill Gates würde niemals Microsoft gründen und Steve Jobs würde niemals Apple Computer bauen.

Machen wir unsere Reaktion auf die Ereignisse verantwortlich, bedeutet es, dass unsere Gedanken, Handlungen oder etwas, was wir gesagt haben, verantwortlich für unsere Ergebnisse sind.

Alles, was wir heute wahrnehmen, ist das Ergebnis unserer früheren Entscheidungen.

Wenn wir immer das machen, was wir bisher gemacht haben, werden wir immer die Ergebnisse erzielen, die wir bisher erzielt haben.

"Jede Form von Schuldzuweisung ist pure Zeitverschwendung. Egal wie viel Schuld wir bei jemand anderem finden, wird es niemals uns selbst verändern." - Jim Rolings

Richard Pallman

Schuldzuweisungen halten uns davon ab, die richtigen Entscheidungen zu treffen.

Wenn wir bereit sind, uns selbst zu verändern, können wir jederzeit lernen, gesünder zu kochen, uns mehr zu bewegen und unsere Beziehungen zu verschönern. Wir können besser auf unsere Intuition hören, sorgfältiger mit unseren Sachen umgehen, gezielt nach Unterstützung fragen und vieles mehr.

7 ALLES EINE FRAGE DER PERSPEKTIVE

"Die größte Entdeckung aller Zeiten ist die, dass eine Person ihre Zukunft durch ihre Einstellung und Perspektive verändern kann." - Oprah Winfrey

Ein wichtiger Erfolgsfaktor ist die Fähigkeit, die Welt so zu sehen, wie wir sie brauchen. Wir entscheiden jeden Tag bewusst oder unbewusst, wie wir die Welt um uns herum wahrnehmen wollen.

Viele lassen sich von ihrem sozialen Umfeld oder ihren eigenen begrenzenden Denkmustern einschränken. Sie merken nicht, dass die einzige Begrenzung in ihrem Kopf entsteht.

Wir können die Welt als Schlachtfeld wahrnehmen, auf dem es nur Probleme, Ausreden und Misserfolge gibt. Oder wir sehen eine Welt voller Chancen, Möglichkeiten und Erfolge.

Wir sind entweder in einer Welt voller Langeweile, Leere und Sinnlosigkeit. Oder wir sehen strahlende Farben, hören lebendige Klänge und fühlen die Freude, die aus jedem Moment entsteht.

Richard Pallman

Die erfolgreichsten und glücklichsten Personen sind diejenigen, die gelernt haben, die Welt aus einer schönen Perspektive zu sehen.

Das, was wir heute sind, ist ein Bruchteil von dem, was wir sein können. Es ist wichtig, dass wir unsere eigenen limitierenden Denkmuster ablegen.

Es gibt nicht nur die Stadt, in der wir wohnen. Es gibt nicht nur den Beruf, den wir ausüben und es gibt nicht nur die Menschen, die wir kennen. Unsere Möglichkeiten ergeben sich nicht nur aus dem, wo wir bereits waren und was wir bereits erreicht haben. Unsere Zukunft hat für uns viel mehr zu bieten, als unsere bisher gemachten Erfahrungen aufzeigen.

Wir können mehr sein, als wir denken, wenn wir unsere Perspektive ändern und es zulassen.

Die Art, wie wir unsere Welt wahrnehmen, beeinflusst unsere Einstellung. Unsere Einstellung zum Leben beeinflusst, wie wir mit anderen und uns selbst umgehen. Sie beeinflusst damit jeden Aspekt in unserem Leben.

Unsere Gedanken formen unsere Einstellung. Sie können uns dort festhalten, wo wir sind oder uns dahin bringen, wo wir sein wollen.

Ein einziger Gedanke kann unser Leben zum Besseren oder Schlechteren verändern. Ein einziger Gedanke kann uns das Gefühl geben, dass wir bestimmte Dinge nie erleben oder erreichen können.

Ein einziger Gedanke kann uns aber auch inspirieren, neue Fähigkeiten zu erlernen, zu wachsen und unserer Intuition zu folgen.

Unsere Perspektive, unsere Einstellung und unsere Gedanken formen unsere Zukunft. Die Möglichkeiten und Chancen sind größer als wir uns vorstellen können.

"Wir können uns darüber beschweren, dass Rosenbüsche Dornen haben, oder uns freuen, dass Dornenbüsche Rosen haben." - J. Kenfield Morley

Es ist beeindruckend, wie zwei Personen dieselbe Situation völlig unterschiedlich wahrnehmen können. Während der eine Chancen und Wachstum sieht, sieht der andere nur Probleme und Unannehmlichkeiten. Während der eine die Möglichkeiten der Zukunft sieht, sieht der andere die Probleme der Gegenwart. Es gibt diejenigen, die sagen "Ich könnte das niemals tun" und diejenigen, die sagen "Warum nicht versuchen?"

Das, was wir darüber denken, was wir verdient haben oder wozu wir in der Lage sind, spiegelt sich in unseren Handlungen wider.

Wenn wir die Welt voller Möglichkeiten und Menschen sehen, die uns helfen wollen, werden wir daran glauben, dass wir es schaffen können. Wir werden genau diesen Möglichkeiten und Menschen begegnen.

Wenn wir die Welt als finster, voller Risiken und Probleme sehen, verlieren wir den Glauben daran, dass wir es schaffen können. Wir werden genau diesen Problemen und Risiken begegnen.

Die Welt positiv zu sehen, hat nichts damit zu tun, die Realität oder Fakten zu ignorieren. Es geht darum, auch in schwierigen Situationen Mut und Hoffnung zu finden.

Unsere Perspektive beeinflusst unsere Wahrnehmung und Gedanken. Unsere Gedanken definieren unsere Glaubens- und

Richard Pallman

Denkmuster. Unsere Denkmuster spiegeln sich in unseren Handlungen wider. Unsere Handlungen formen unsere Gewohnheiten. Unsere Gewohnheiten formen unseren Charakter und unser Charakter bestimmt unser Leben.

Durch die Art, wie wir unsere Umwelt wahrnehmen, sind wir der Architekt unseres Lebens. Wenn wir es zulassen, ist das Leben schön, faszinierend und wundervoll.

8 WAS WOLLEN WIR?

"Der wichtigste Schritt, um das zu bekommen, was man will, ist zu entscheiden, was man will." - Ben Stein

Es ist wichtig, eine Vorstellung vom eigenen Leben zu haben. Nur dann können wir entsprechende Schritte in die richtige Richtung gehen.

Um dahin zu gelangen, wo wir sein möchten, müssen wir entscheiden, wo wir hin wollen. Wir müssen wissen, was Glück und Erfolg für uns persönlich bedeuten. Wer nicht weiß, was er will, kann es auch nicht erreichen.

Unsere Kindheit spielt eine wichtige Rolle. In jedem von uns befindet sich eine individuelle Persönlichkeit mit einzigartigem Potenzial. Während wir aufwachsen, werden wir von Eltern, Lehrern, Trainern und anderen Erwachsenen ganz unterschiedlich beeinflusst.

Als Babys wussten wir genau, was wir wollten und was wir nicht wollten. Das Essen, das uns nicht gefallen hat, haben wir ausgespuckt und das Essen, das uns geschmeckt hat, haben wir genussvoll verschlungen.

Wir hatten auch keine Schwierigkeiten damit, unsere Bedürfnisse mitzuteilen. Wenn uns etwas nicht gepasst hat, haben wir uns mit unserer zarten Stimme bemerkbar gemacht.

Wir sind direkt auf das zu gekrabbelt, was unsere größte Aufmerksamkeit auf sich gezogen hat und haben uns nur selten davon abhalten lassen.

Wir wussten genau, was wir wollten und was uns gefällt.

Während wir älter wurden, haben wir viele unterschiedliche Dinge gehört:
- Fass das nicht an!
- Bleib da weg.
- Behalte die Hände bei dir.
- Iss alles, was du auf den Teller bekommst.
- Das möchtest du nicht.
- Du solltest dich schämen.
- Hör auf zu weinen. Sein nicht so ein Baby.
- Du kannst nicht alles haben, nur weil du es willst.
- Geld wächst nicht auf Bäumen.
- Hör auf an dich zu denken.
- Hör damit auf und komm her, ich zeige dir, was du tun sollst.

All diese Dinge haben einen Effekt auf unsere Denkmuster und Wahrnehmung.

Während wir gelernt haben, sensibel mit anderen umzugehen, haben wir aufgehört, auf uns und unsere eigenen Bedürfnisse zu achten.

Es ist nicht verwunderlich, dass wir häufig nicht wissen, was wir eigentlich wollen. Es gibt einfach zu viele Dinge, die wir tun oder lassen sollten.

Eines der größten Herausforderungen des Lebens ist es, sich selbst treu zu bleiben. Nur so können wir unsere einzigartigen Wünsche, Ziele und Ambitionen erkennen. Wir können verstehen, was unsere Leidenschaft ist, wo unsere Stärken liegen und was wir wertschätzen.

Das, was wir wollen, ist wichtig.

Um herauszufinden, was wir wirklich wollen, sollten wir Sätze, wie "Ich weiß nicht.", "Ist mir egal." und "Das ist mir nicht so wichtig." bewusst aus unserem Sprachgebrauch streichen.

Wann immer wir die Möglichkeit haben, uns für etwas zu entscheiden, sollten wir eine bewusste Entscheidung treffen.

Keine Entscheidungen zu treffen, ist eine schlechte Gewohnheit. Wir können die Gewohnheit brechen, indem wir uns angewöhnen, regelmäßig kleine und große Entscheidungen zu treffen.

Wenn wir zum Beispiel die Farbe unseres Kugelschreibers nicht mögen, können wir sie mit jemandem anderes tauschen, der diese Farbe mag.

So bekommt jeder die Stiftfarbe, die er sich wünscht.

Anstatt zu denken, dass wir nicht alles haben können, was wir uns wünschen, können wir damit beginnen, diejenigen zu suchen, mit denen wir tauschen können.

Was wollen wir?

Eine einfache Möglichkeit herauszufinden, was wir möchten, ist eine Wunschliste mit 30 Dingen zu erstellen. 30 Dinge, die wir sein wollen, erleben wollen oder haben wollen.

Dies ist eine einfache Möglichkeit, um über sich und seine Wünsche nachzudenken.

Häufig ergeben sich in der Liste neben materiellen Dingen, wie ein schönes Haus und schöne Kleidung auch Punkte wie:
- "Ich möchte geliebt und akzeptiert werden."
- "Ich möchte gesund und fit sein und das Leben aktiv genießen können."
- "Ich möchte mein Umfeld positiv beeinflussen."

Wie würde unser ideales Leben aussehen?

1. Wie würde unsere finanzielle Situation aussehen?
Was würden wir verdienen? Was hätten wir an Erspartem? In welchem Haus würden wir leben? Wo befindet sich dieses Haus? Wie sieht unsere Einrichtung aus?

2. Wie würde unsere berufliche Situation aussehen?
Welchen Beruf würden wir ausüben? Wo würden wir arbeiten? Was machen wir dort? Mit wem arbeiten wir zusammen? Mit welchen Kunden arbeiten wir? Ist es ein eigenes Unternehmen?

3. Wie würden wir unsere Freizeit gestalten?
Was unternehmen wir mit Freunden und Familie? Für was interessieren wir uns? Wo machen wir Urlaub? Was macht uns Freude? Spielen wir ein Instrument? Können wir eine bestimmte Sprache? Finden wir Ruhe und Entspannung?

4. Wie würde unsere Gesundheit und Fitness aussehen?
Sind wir gesund? Sind wir schmerzfrei? Wie alt werden wir? Sind wir aufgeschlossen, entspannt und enthusiastisch? Sind wir vital? Was tragen wir? Wie bewegen wir uns? Wo bewegen wir uns? Sind wir flexibel und stark? Was essen und trinken wir? Wie sehen wir aus?

5. Wie würde es mit unseren persönlichen Beziehungen aussehen?

Wie ist unsere Beziehung zu unserem Partner und unseren Kindern? Wie ist die Beziehung zu unseren Eltern und Geschwistern? Mit wem sind wir befreundet? Sind unsere Beziehungen unterstützend, motivierend und liebevoll? Wie erleben wir unsere gemeinsame Zeit?

Es ist hilfreich, einige Antworten aufzuschreiben, um sie im Laufe der folgenden Wochen zu durchdenken.

Richard Pallman

9 ES IST MÖGLICH

"Die größte Sache, die uns davon abhält, unsere Wünsche und Ziele zu erreichen, ist der Glaube daran, dass wir es nicht schaffen können." - Arthur L. Williams

Es ist häufig mehr möglich, als wir uns vorstellen können. Häufig bekommen wir genau das, was wir erwarten.

Es gibt immer wieder Beispiele dafür, dass unser Glaube und unsere Denkmuster eine beeindruckende Kraft besitzen.

Bei einem Versuch mit zwei Testgruppen wurde einer Gruppe eine vollständige Knieoperation durchgeführt. Bei der zweiten Gruppe wurde lediglich ein Schnitt gesetzt und eine Operation vorgetäuscht.

Nach 2 Jahren haben sowohl die Patienten mit einer vollständigen Operation als auch diejenigen, bei denen eine Operation vorgetäuscht wurde, von weniger Schmerzen und einer positiven Entwicklung berichtet.

Dieses Phänomen ist auch als Placebo-Effekt bekannt und zeigt die Kraft unseres Vorstellungsvermögens.

Über die Zeit lernt unser Gehirn, was als Nächstes zu erwarten ist. Weil unser Gehirn dies erwartet, werden Körperfunktionen und unsere Wahrnehmung auf genau dieses Ergebnis ausgerichtet.

Wir bekommen das, was wir erwarten. Deshalb ist es wichtig, seine Erwartungshaltung zu überdenken.

Wenn wir alte negative Erwartungen durch positive Erwartungen ersetzen und daran glauben, werden wir tatsächlich auch Veränderungen in unserem Leben erleben.

Manchmal hält uns nicht das zurück, was wir nicht wissen, sondern das, was wir wissen.

Im Jahr 1983 nahm der Landwirt Cliff Young an einem Ultramarathon teil. Dabei wurden 875 Kilometer über mehrere Tage zurückgelegt.

Die Athleten mussten sich ihren Schlaf und ihr Essen selbst einteilen. Als Preisgeld gab es 10,000 Dollar.

Als Cliff mit Gummistiefeln und Latzhose erschien, wurde er von den professionellen Athleten ausgelacht, die viel jünger und modern ausgestattet waren.

Die Veranstalter waren besorgt, dass Cliff dieses Rennen gesundheitlich nicht überstehen könnte.

Cliff versicherte ihnen, dass er auf einer Farm ohne Traktoren oder Pferden aufgewachsen ist und er bei einem Sturm die 2000 Schafe zu Fuß einsammeln musste. Dabei war er häufig mehrere Tage ohne Schlaf unterwegs gewesen.

Als das Rennen begann, starteten alle mit hoher Geschwindigkeit und ließen Cliff als Schlusslicht hinter sich.

Richard Pallman

Cliff hatte niemals zuvor einen professionellen Langstreckenläufer kennengelernt. Er hatte niemals mit einem Coach zusammengearbeitet oder Informationen dazu gelesen.

Er wusste nicht, dass er während eines Langstreckenlaufs sechs bis sieben Stunden schlafen sollte.

Die erste Nacht schlief er nur zwei Stunden und verkleinerte so den Abstand zu den anderen Athleten, während sie schliefen.

Am nächsten Tag lief er 23 Stunden lang und schlief nur eine Stunde. Mit so gut wie keinen Schlaf erreichte er mit einem Abstand von 10 Stunden als Erster die Ziellinie.

Er lief 875 Kilometer in 5 Tagen, 15 Stunden und 4 Minuten und brach den vorherigen Rekord um mehr als 2 Tage.

Diese Geschichte veranschaulicht, dass es hilfreich ist, seine bisherigen Annahmen zu hinterfragen und offen für neue Dinge zu sein.

10 DER GLAUBE AN SICH SELBST

"Wir sind kein Zufall der Natur. Wir sind einzigartig und kein Fließbandprodukt. Wir verfügen über besondere Eigenschaften." - Max Lucado

An sich zu glauben ist eine Entscheidung. Es ist eine innere Haltung, die wir im Laufe der Zeit entwickeln.

Es liegt in unserer Verantwortung. Wir müssen daran glauben, dass wir das, was wir wollen auch erreichen können.

Mit der richtigen Einstellung, dem Glauben an uns selbst, Übung und dem richtigen Training können wir uns das Meiste aneignen.

Die erfolgreichsten Persönlichkeiten sind nicht diejenigen, die am talentiertesten sind, sondern diejenigen, die daran glauben, dass sie es schaffen können.

Wenn wir daran glauben, dass es für uns möglich ist, werden wir auch die Dinge tun, die notwendig sind, um unsere Ziele zu erreichen.

Richard Pallman

Was wir glauben, ist unsere Entscheidung

Victor Serebriakoff wuchs im Londoner Ghetto auf. Keiner hätte je daran geglaubt, dass er einen Schulabschluss erhalten würde.

Mit 15 Jahren brach er die Schule ab und arbeitete als Wanderarbeiter. Er lebte für viele Jahre auf der Straße und kämpfte ums Überleben.

Mit 32 Jahren trat er der britischen Armee bei und erreichte bei einem IQ-Test einen Wert von 161.

Demnach verfügte er über außergewöhnliche Fähigkeiten. Seitdem veränderte sich sein Leben drastisch.

Er wurde zu einer anerkannten Persönlichkeit in der Industrie und Vorsitzender der Mensa International.

Viktors Potenzial war schon immer vorhanden. Das Einzige, was sich nach dem IQ-Test verändert hatte, war der Glaube an sich selbst. Er selbst hat angefangen, an sich und seine Fähigkeiten zu glauben und entsprechend zu handeln.

"Ich kann nicht" ist keine Option

"Ich kann nicht" ist eines der negativsten Kräfte, die es gibt. Wenn wir etwas erreichen wollen, sollten wir "Ich kann nicht", "Ich wünschte, ich könnte" und ähnliche Sätze vollständig ablegen.

Diese Wörter haben eine zerstörerische Wirkung und schwächen uns.

In einem Versuch wurden Teilnehmer gebeten ihren rechten Arm auszustrecken, an etwas zu denken, was sie nicht können und es laut auszusprechen.

Dann wurde der Arm von einer anderen Person heruntergedrückt und die Kraft gemessen.

Als Nächstes sollten sie an etwas denken, das sie können und es laut aussprechen.

Jedes Mal, wenn sie an etwas dachten, das sie gut können, hatten sie mehr Kraft.

Das, was wir denken, hat einen direkten Einfluss auf unsere Ergebnisse.

Es ist wichtig, dass wir negative und dekonstruktive Wörter aus unserem Vokabular streichen. Nur dann können wir Dinge erreichen, die zuvor unmöglich schienen.

Als George Dantzig zu spät zu einer Mathevorlesung kam, war der Vorlesungssaal bereits leer und es standen nur noch zwei Problemstellungen an der Tafel.

Er nahm an, dass diese als Hausaufgaben an die Tafel geschrieben wurden.

Er wusste nicht, dass es zwei Beispiele für unlösbare Probleme in der Statistik waren, und löste sie.

Nach nur wenigen Tagen reichte er die Lösungen für diese beiden Probleme beim Professor für Mathematik ein.

Er entschuldigte sich, dass er seine Hausaufgaben nicht früher einreichen konnte, weil diese beiden Aufgaben etwas schwieriger als die üblichen Aufgaben waren und er sie nicht schneller lösen konnte.

Hätte er gewusst, dass es zwei berühmte unlösbare Probleme wären, hätte er die Lösungsansätze niemals entdeckt. Dantzigs Geschichte ist ein gutes Beispiel dafür, wie viel wir eigentlich erreichen können, wenn wir frei von einschränkenden Denkmustern sind.

Was andere über uns denken, geht uns nichts an

Wir sollten keine Zeit damit verschwenden daran zu denken, was andere über uns denken könnten.

Wenn wir darauf angewiesen wären, was andere über uns denken, würden wir wahrscheinlich niemals etwas hinbekommen.

Wir sollten unsere Entscheidungen anhand unserer Ziele und Wünsche ausrichten, unabhängig davon, was andere über uns denken.

Wir selbst sollten wissen, warum wir etwas tun wollen und warum dies richtig für uns ist. Keiner kann dies besser bewerten, als wir selbst.

Die 18/40/60 Regel von Dr. Daniel Amen besagt: Wenn wir 18 sind, machen wir uns Gedanken darüber, was andere über uns denken. Mit 40 ist uns egal, was andere über uns denken. Und mit 60 stellen wir fest, dass eigentlich niemand an uns gedacht hat.

Die meiste Zeit denkt überhaupt niemand an uns. Jeder ist damit beschäftigt, über sein eigenes Leben nachzudenken. Und wenn sie über uns nachdenken, sorgen sie sich darüber, was wir über sie denken.

Wir sollten unsere Zeit nicht damit verschwenden, uns Sorgen zu machen, was andere über unsere Ideen, Ziele, Kleider, Haare und unser Zuhause denken.

Wir können die Zeit sinnvoll nutzen, um uns auf das zu fokussieren, was uns wirklich wichtig ist.

11 WARUM ZIELE?

"Setze dir ein Ziel, das dich belebt, inspiriert und dir Hoffnung gibt." - Andrew Carnegie

Sobald wir wissen, was unsere wahren Bedürfnisse und Wünsche sind, brauchen wir konkrete und messbare Ziele, die wir erreichen wollen. Wir erreichen das, worauf wir uns fokussieren.

In einem Versuch wurden ganz unterschiedliche Personen in 5 Gruppen zufällig aufgeteilt.

Dazu gehörten Unternehmensgründer, Mediziner, Sportler, Künstler, Anwälte, Bänker, Vermarkter, Dienstleister, Manager, Direktoren und gemeinnützige Mitarbeiter.

Gruppe 1 sollte nur darüber nachdenken, was sie in den nächsten 4 Wochen erreichen will und dies nicht aufschreiben.
Gruppe 2 sollte ihre Ziele aufschreiben.

Gruppe 3 sollte ihre Ziele aufschreiben und konkrete Maßnahmen festlegen.

Gruppe 4 sollte ihre Ziele aufschreiben, konkrete Maßnahmen festlegen und diese an einen guten Freund schicken.

Gruppe 5 sollte alles wie Gruppe 4 tun und zusätzlich wöchentlich einen Statusbericht an den Freund schicken.

Nach vier Wochen waren die Ergebnisse ganz unterschiedlich. In Gruppe 1 wurden Ziele zu 43 Prozent und in Gruppe 5 zu 76 Prozent erreicht. Dies ist eine Steigerung von 33 Prozent.

Damit ergeben sich drei wichtige Prinzipien: Ziel aufschreiben, mit jemandem teilen und regelmäßigen Fortschritt berichten.

Was, wie viel und bis wann?

Ziele sollten konkret und messbar sein. Es ist wichtig, eine konkrete messbare Zahl (Anzahl, Workouts, Quadratmeter, Kilometer, Kilogramm, Euros, Seiten etc.) und ein Datum festzulegen, bis wann dies erreicht sein wird.

Wir selbst und andere müssen in der Lage sein, den Fortschritt konkret messen zu können.

Nicht gut: "Ich werde 5 Kilogramm abnehmen."
Besser: "Ich habe am 30. Juni um 5 Uhr ein Gewicht von 60 Kilogramm."

Das zweite Ziel ist besser, weil jeder am 30. Juni um 5 Uhr auf die Waage schauen kann, ob das Gewicht erreicht wurde.

Ziele sollten so genau und detailliert wie möglich beschrieben sein. Wir können Marken, Modelle, Farben, Jahre, Größen, Gewichte, Formen und alle anderen Details komplett ausschmücken.

Unklar formulierte Ziele produzieren unklare Ergebnisse. Ziele unterscheiden sich von einer Vision durch ihre Messbarkeit und Spezifität.

Wenn etwas nicht konkret und messbar ist, ist es ein Wunsch, eine Bevorzugung oder eine gute Idee.

Wunsch/Vision: "Ich hätte gerne ein schönes Haus am Meer."
Ziel: "Ich habe am 30. April 2021 ein 200-qm-Haus in Son Vida auf Mallorca."

Wunsch/Vision: "Ich möchte mehr Zeit mit meinem Partner verbringen."
Ziel: "Wir nehmen uns jeden Donnerstag zwischen 18 Uhr und 20 Uhr Zeit für uns zwei."

Keine Angst vor großen Zielen

Die meisten setzten ihre Ziele nicht zu hoch an und scheitern, sondern zu niedrig und erreichen sie.

Große Ziele sind wichtig, um uns herauszufordern. Sie helfen uns, über unsere eigenen Grenzen hinauszuwachsen, Ängste zu überwinden und neue Fähigkeiten und Sichtweisen anzueignen.

Es sind Ziele, bei denen wir wahrscheinlich einige grundlegende Dinge verändern müssen, um dort hinzugelangen, wo wir hin möchten.

Es ist etwas, das unser Leben verändert, neue Chancen ermöglicht, in Kontakt mit den richtigen Menschen bringt und unsere gesamte Lebensqualität erhöht.

Wir sollten einige große Ziele formulieren, die uns herausfordern und ein gewisses Wachstum voraussetzen.

Richard Pallman

Regelmäßig Wiederholen

Sobald wir alle Ziele niedergeschrieben haben, sollten wir sie 2 bis 3 Mal täglich vor Augen führen, um uns auf deren Erreichung zu fokussieren.

Dadurch wird uns immer wieder klar, was wir erreichen wollen und warum wir etwas tun.

Es schafft einen Fokus und schützt uns vor Ablenkung und Umwegen. Es erhöht unsere Motivation, stimuliert unsere Kreativität und verändert unsere Sichtweise.

Besonders morgens nach dem Aufstehen und abends vor dem Schlafengehen bietet es sich an, seine Ziele in Erinnerung zu rufen.

Die einzelnen Ziele können auf kleine Karteikarten geschrieben und in der Nähe vom Bett aufbewahrt werden.

Eine Liste mit Zielen kann auch dem Terminkalender beigelegt oder als Hintergrundbild auf dem Notebook oder Tablet platziert werden.

Dies hilft, sich immer wieder an seine Ziele zu erinnern. Besonders im Alltag kann es schnell passieren, dass wir von unseren Zielen abgelenkt werden.

Verlieren wir unsere Ziele aus den Augen, verdoppeln wir unsere Anstrengungen.

In einem Raum voller Olympioniken wurde die Frage gestellt, wer von den anwesenden Athleten seine Ziele niedergeschrieben hat. Jeder hebte die Hand.

Als gefragt wurde, wer von diesen Athleten seine Ziele aktuell dabei hat, hob nur eine Person die Hand. Die Person war Dan O'Brien, der auch 1996 im Zehnkampf die Goldmedaille gewann.

Es ist wichtig, dass wir unsere Ziele regelmäßig vor Augen führen, um diese auch erreichen zu können.

Gedanken, Ängste und Hindernisse

Sobald wir uns Ziele setzen, kommen oft drei Dinge auf, die viele an der Erreichung ihrer Ziele hindern: Rücksicht, Ängste und Hindernisse.

Diese Dinge sind ein Teil des Prozesses und sollten uns nicht abschrecken.

In dem Moment, in dem wir zum Beispiel sagen, dass wir unsere sportliche Leistungsfähigkeit verdoppeln wollen, kommen unterschiedliche Gedanken auf: "Ich kann doch nicht doppelt so viel Sport machen.", "So viel Zeit habe ich nicht.", "Dann habe ich ja keine Zeit mehr für meine Familie." oder "Mehr schaffe ich nicht."

Sobald wir uns vornehmen, einen Marathon zu laufen, kommen unterschiedliche Gedanken auf: "Ich könnte mich verletzen.", "Dann muss ich ja jeden Tag zwei Stunden früher aufstehen." oder "Ich bin zu alt dafür."

Diese Überlegungen halten uns auf. Es sind Gründe dafür, warum wir nicht damit beginnen sollten, unsere Ziele zu verfolgen. Es sind Gründe, warum wir es nicht schaffen könnten.

Diese Gedanken zu erleben, ist etwas Positives und nichts Negatives. Diese Gedanken haben über Jahre bereits in unserem Unterbewusstsein geschlummert und uns an der Erreichung unserer persönlichen Ziele gehindert.

Sobald wir bewusst über sie nachdenken, können wir sie bewusst verarbeiten und lösen.

Das Zweite, was auftreten wird, sind unterschiedliche Ängste. Dazu gehören die Angst vor Ablehnung, die Angst vor körperlicher und emotionaler Verletzung, die Angst vor Misserfolg oder die Angst sich lächerlich zu machen.

Das Dritte sind Hindernisse in Form von äußeren Umständen. Vielleicht haben wir nicht die finanziellen Mittel, nicht die passenden Kontakte oder leiden unter körperlichen und gesundheitlichen Einschränkungen.

Dies sind Herausforderungen, für die wir unterschiedliche Lösungen finden können.

Diese Gedanken, Ängste und Hindernisse sind keine Stoppschilder für uns. Sie sind ein Teil der Veränderung und werden immer wieder auftauchen.

Wir müssen lernen, mit ihnen umzugehen. Wenn sie nicht auftauchen, haben wir vielleicht kein Ziel gesetzt, das groß genug ist, um uns aus unserer Komfortzone zu bewegen.

Vielleicht haben wir kein Ziel, das uns die Möglichkeit gibt, über uns selbst hinauszuwachsen.

Sobald wir unsere unterbewussten Zweifel, Ängste und Hindernisse erkennen, können wir sie bewusst angehen und lösen. Indem wir sie überwinden, wachsen wir über uns hinaus und sind für die nächste Herausforderung gewappnet.

12 JEDER PLAN IST TEMPORÄR

"Es ist besser einen schlechten Plan zu haben, als gar keinen." - Garry Kasparov

Es ist unmöglich, die Zukunft vorherzusagen. Es ist unmöglich, einen perfekten Plan zu erschaffen. Glücklicherweise brauchen wir keinen perfekten Plan. Der Wert eines Plans liegt nicht im Plan an sich, sondern im Prozess der Erstellung.

Das Planen zwingt uns, über das nachzudenken, was passieren könnte und zeigt uns die wesentlichen Schritte auf.

Etwas zu planen ermöglicht uns, den ersten schweren Schritt in die richtige Richtung zu gehen und uns unserem Ziel zu nähern.

Wir sehen, erleben und bekommen normalerweise das, wonach wir suchen. Ein Beispiel dafür ist ein spezielles Auto, für das wir uns interessieren. Nachdem wir uns ein Automodell ausgesucht haben, sehen wir im Straßenverkehr nur noch dieses eine Modell. Es ist plötzlich um ein Vielfaches häufiger zu sehen als vorher.

Genauso ist es mit der Planung von unseren Zielen. Sobald wir mit der Planung beginnen, wissen wir, wo wir hin wollen, und machen uns Gedanken über die nächsten Schritte. Dies hilft uns, Wege und Möglichkeiten zu erkennen, die uns unserem Ziel näher bringen.

Es ist ein Mechanismus in unserem Gehirn, der nur darauf wartet, uns zu helfen, unser gesetztes Ziel zu erreichen.

Menschen ohne Ziele, Interessen und Leidenschaften stapfen scheinbar zufällig durchs Leben. Sie lassen sich dorthin treiben, wohin sie der Wind als Nächstes hinbringt.

Wenn wir die Kontrolle darüber haben wollen, wo wir in ein, zwei oder fünf Jahren sein werden, dann sollten wir damit beginnen, uns die richtigen Gedanken zu machen, die richtigen Fragen zu stellen und die Ergebnisse in einem Plan zu fixieren. Sobald wir einen Plan haben, wissen wir zumindest, wie unsere groben Schritte dorthin aussehen müssen.

In einer immer schneller verändernden Welt ist eine flexible und vorausschauende Planung wichtig. Ein statischer Plan würde früher oder später nicht mehr der Realität entsprechen. Deshalb ist es wichtig, dass wir flexibel genug sind, unsere Planung in regelmäßigen Abständen aktualisieren zu können und unseren Kurs anzupassen.

Unser Plan sollte so gestaltet sein, dass wir uns damit wohlfühlen und ihn am besten verstehen. Er ist nicht für irgendjemanden, sondern nur für uns selbst gedacht. Nur wir selbst müssen in der Lage sein, ihn zu verstehen. Er sollte einfach, klar, kreativ, motivierend und flexibel sein.

13 KONKRETE SCHRITTE FESTLEGEN

Um Schritte vorwärtsgehen zu können, ist es wichtig anzufangen und den ersten Schritt zu machen. Dafür teilen wir komplexe und überwältigende Aufgaben in kleine und überschaubare Aufgaben und beginnen mit dem kleinsten Schritt.

Wollen wir zum Beispiel sportlicher werden, können wir mit nur einer einzelnen Kniebeuge beginnen. Diese eine Kniebeuge ist sehr einfach und stellt für uns kein Hindernis dar anzufangen.

Auch sehr große und überwältigende Ziele werden dadurch Schritt für Schritt erreicht. Sie sind häufig eine Folge einzelner kleinerer Aufgaben. Das große Ziel wird erreicht, indem wir kleine Schritte in die richtige Richtung gehen.

Es gibt verschiedene Möglichkeiten, ein großes Ziel in kleine konkrete Aufgaben zu zerlegen. Je mehr wir uns mit unserem Ziel befassen, desto klarer werden uns die notwendigen Schritte.

Eine einfache Möglichkeit ist ein entsprechendes Buch zum Thema zu lesen oder sich Rat von jemandem zu holen, der ein ähnliches Ziel bereits erreicht hat. Sie können ihre Erfahrungen teilen, die nächsten Schritte aufzeigen oder einen guten Rat geben.

Es ist wichtig, dass wir neugierig und offen für mögliche Lösungsansätze bleiben:
"Könntest du mir sagen, wie ich...?", "Was müsste ich dafür tun, um...?" und "Wie machst du...?"

Wichtig ist, dass wir die notwendigen Informationen sammeln, um eine realistische Abfolge von Handlungen festlegen zu können. Handlungen, die uns Schritt für Schritt ans Ziel führen.

Was müssen wir tun? Wie viel Geld benötigen wir? Welche neuen Fähigkeiten benötigen wir? Welche Unterstützung benötigen wir? Welche Gewohnheiten müssen wir verändern?

Eine Mindmap kann für die nötige Übersicht sorgen. Mindmapping ist ein einfacher und hilfreicher Prozess für die Erstellung einer detaillierten To-do-Liste für die Erreichung von Zielen.

In einer Mindmap sind die einzelnen Aufgaben sehr übersichtlich dargestellt. Abhängigkeiten der einzelnen Aufgaben sind schnell erkennbar.

Bei der Erstellung der Mindmap wird das angestrebte Ziel in die Mitte der Mindmap platziert. Drum herum werden die einzelnen Kategorien und Aufgaben aufgenommen.

Aufgaben einplanen

Aus der Mindmap ergeben sich die wichtigsten Aufgaben, die wir in unserem Terminkalender einplanen können. Jede Aufgabe kann so mit einem Fertigstellungstermin versehen werden.

Es ist hilfreich, die wichtigsten Dinge sofort zu erledigen. Sobald die 5 wichtigsten Aufgaben der Woche feststehen, sollten wir mit der wichtigsten Aufgabe beginnen. Unabhängig davon, ob uns gerade danach ist oder nicht.

From Good To Great

Das Wichtigste zu erledigen, gibt uns Kraft für die übrigen Aufgaben und verhindert die Aufschiebung von Dingen, die wir wirklich tun sollten.

Je früher wir die wichtigste und vielleicht auch härteste Aufgabe hinter uns gebracht haben, desto besser fühlen wir uns für den Rest des Tages oder der Woche.

14 DIE HANDBREMSE LÖSEN

"Alles, was wir uns wünschen, befindet sich außerhalb unserer Komfortzone." - Robert Allen

Bevor wir loslegen, ist es wichtig, seine innerliche Handbremse zu lösen. Wenn wir mit dem Auto losfahren und merken, dass wir mit angezogener Handbremse fahren, geben wir nicht einfach mehr Gas und fahren weiter. Wir lösen zuerst die Handbremse.

Einige Menschen fahren mit einer innerlich angezogenen Handbremse durchs Leben. Negative Bilder von sich selbst und emotionale Erfahrungen bremsen sie Tag für Tag aus.

Egal wie sehr sie es versuchen und wie häufig sie neu beginnen, hindert sie die innere Handbremse daran, ihre angestrebten Ziele zu erreichen.

Wenn wir Erfolge erzielen wollen, geht es nicht nur darum, mehr Gas zu geben und mehr Willenskraft aufzubringen. Es ist wichtig, dass wir unsere innere Handbremse lösen.

Was hält uns auf?

Ein Babyelefant wird im Zoo direkt nach der Geburt an einen kleinen Raum gewöhnt. Dafür wird ein Holzpfosten tief in der Erde vergraben. Der Elefant wird dann mit einem Seil an einem Bein an diesem Holzpfosten festgebunden.

Der Raum des Elefanten wird durch die Seillänge festgelegt. Dieser Bereich stellt die Komfortzone des Elefanten dar. Der Babyelefant versucht das Seil zu zerreißen und lernt, dass er zu schwach dafür ist. Mit der Zeit gibt er auf und lernt, in dem von der Seillänge bestimmten Bereich zu bleiben.

Ein ausgewachsener Elefant könnte das Seil mit Leichtigkeit zerreißen. Er glaubt jedoch immer noch daran, dass das Seil stärker ist. Er hält an der Erfahrung fest, die er als Babyelefant gemacht hat und versucht es nicht erneut.

Auf diese Weise kann der größte Elefant durch ein schwaches kleines Seil beschränkt werden. Sabotierende Gedanken, begrenzende Glaubenssätze und negative Emotionen, wie Angst, Groll, Wut, Schuld und Scham stellen für uns ein solches Seil dar.

Vielleicht gibt es etwas, das uns wie dieses kleine schwache Seil zurückhält und einschränkt. Etwas, das wir mit Leichtigkeit lösen könnten.

Wir können beginnen, eine positive Einstellung zu uns und unserem Leben einzunehmen und an unsere Stärken zu glauben. Wir können selbstbewusst zu dem stehen, was wir haben wollen, was wir tun wollen und so sein, wie wir sein wollen. Wir können unser Verhalten verändern.

15 KONKRETE HANDLUNGEN

"Einige Dinge kommen zu denen, die warten. Dies sind jedoch nur Dinge, die von denen zurückgelassen wurden, die tatsächlich etwas getan haben." - Abraham Lincoln

Das, was wir glauben zu wissen, bringt uns nur dann etwas, wenn wir unser Wissen in konkrete Handlungen umsetzen.

Wir bauen keine Muskulatur auf, nur weil wir wissen, was wir tun sollten. Wir verdienen kein Geld, nur weil wir wissen, was wir tun sollten. Und wir schaffen auch keine harmonische Beziehung zu unseren Mitmenschen, nur weil wir wissen, was wir tun sollten.

Zu wissen, was zu tun ist, geht der konkreten Handlung voraus. Nur wenn wir das, was wir wissen auch tatsächlich anwenden, verändert sich etwas an uns und in unserem Leben.

Es ist ein festgeschriebenes Naturgesetz: Wir werden für das belohnt, was wir tun.

Und obwohl dieses Prinzip so einfach ist, verfallen viele dem ewigen Analysieren, Planen und Organisieren, ohne konkrete Handlungen umzusetzen.

Wenn wir beginnen, konkrete Handlungen umzusetzen, werden alle möglichen Dinge in Bewegung gebracht, die uns näher an unser tatsächliches Ziel bringen.

Menschen in unserer Umgebung werden feststellen, dass wir das, was wir uns vorgenommen haben auch ernst meinen.

Menschen mit ähnlichen Zielen werden in unser Leben kommen. Wir lernen aus unseren Erfahrungen Dinge, die uns niemand hätte beibringen können.

Wir fangen an Feedback für unsere Handlungen zu erhalten und erfahren, wie wir Dinge besser, effizienter oder schneller umsetzen können.

Dinge, die zunächst unklar und verwirrend waren, beginnen immer klarer zu werden. Menschen in unserem Umfeld beginnen, an uns zu glauben und uns auf unserem Weg zu unterstützen.

Sobald wir anfangen zu handeln, machen wir konkrete Schritte.

Darüber zu reden ist einfach

Der größte Unterschied zwischen Personen, die ihre Ziele erreichen und Personen, die ihre Ziele nicht erreichen, ist die konkrete Handlung.

Erfolgreiche und glückliche Personen machen mehr als sie reden. Sie stehen einfach auf und erledigen die Dinge, die zu erledigen sind. Sobald für sie klar ist, was zu tun ist, beginnen sie mit der Umsetzung.

Auch wenn ihr Plan nicht perfekt ist, lernen sie aus ihren Fehlern, passen alles Nötige an und machen weiter, bis sie schließlich das Unmögliche möglich gemacht haben.

Manchmal ist ihr Ergebnis am Ende sogar besser, als sie es sich hätten vorstellen können.

Glückliche und erfolgreiche Personen sind handlungsorientiert.

Sobald wir eine Vision, Ziele, einzelne Handlungsschritte und eine positive Einstellung haben, ist es an der Zeit anzufangen.

Es ist Zeit, das nötige Training zu beginnen, die Kurse zu besuchen, die Anrufe zu tätigen, das Schreiben, Sparen und Lesen anzufangen und alles Nötige in Bewegung zu bringen.

Nichts passiert, bis wir damit beginnen, konkrete Handlungen vorzunehmen

In einem Seminar wurden 100 Euro hochgehalten. Der Referent fragte die Teilnehmer, wer diesen 100-Euro-Schein haben möchte.

Alle Teilnehmer hoben die Hand. Einige winkten oder standen auf. Einige begonnen zu rufen: "Hier, ich will es!", "Ich nehme es!"

Der Referent stand still und reagierte nicht auf die Rufe, bis eine Person aufstand, nach vorne eilte und sich die 100 Euro holte.

Diese eine Person hat etwas getan, was kein anderer getan hat. Sie ist aufgestanden und hat sich die 100 Euro geholt. Sie ist aufgestanden und hat eine konkrete Handlung vorgenommen.

Genau das ist das, was wir bei der Erreichung unserer Ziele tun müssen: Aufstehen und handeln. Je früher wir damit beginnen, desto besser.

Die übrigen Teilnehmer im Saal hatten vielleicht auch daran gedacht, aufzustehen und sich das Geld zu holen.

Es gab jedoch etwas, was sie aufgehalten hat. Häufig sind es bestimmte Denkmuster, die sie auch von der Erreichung anderer Ziele abhalten:

- "Ich will nicht so aussehen, als wäre ich auf das Geld angewiesen."
- "Wer weiß, ob ich das Geld wirklich bekomme."
- "Ich bin zu weit hinten im Raum."
- "Andere brauchen es sicher dringender als ich."
- "Ich will nicht gierig aussehen."
- "Ich habe Angst, etwas falsch zu machen."
- "Ich habe auf weitere Anweisungen gewartet."
- "Ich habe Angst, dass andere über mich lachen."
- "Ist das wohl in Ordnung, wenn ich einfach nach vorne gehe?"

Wie wir im Kleinen reagieren, reagieren wir auch im Großen. Wenn wir im Kleinen nicht handeln, handeln wir auch nicht im Großen.

Wenn wir hier zögern, zögern wir wahrscheinlich überall. Wenn wir Angst haben, uns lächerlich zu machen, haben wir diese Angst wahrscheinlich überall.

Es ist wichtig, dass wir damit beginnen, konkret zu handeln und uns nicht aufhalten lassen.

Anlegen, zielen, schießen

Viele kennen das Motto: "Anlegen, zielen, schießen". Das Problem dabei ist, dass viele ihr Leben lang damit beschäftigt sind zu zielen, und niemals wirklich schießen.

Richard Pallman

Sie sind immer dabei sich vorzubereiten und den perfekten Moment abzuwarten. Der schnellste Weg ein Ziel zu treffen, ist zu schießen, zu schauen, wo die Kugel gelandet ist und dann die Richtung entsprechend anzupassen.

Wenn der Treffer 2 cm über der Mitte war, können wir einfach etwas weiter nach unten zielen und erneut schießen und schauen, wo wir getroffen haben.

Indem wir dranbleiben und unsere Richtung immer wieder anpassen, ist es nur eine Frage der Zeit, bis wir den perfekten Treffer landen. Dasselbe gilt auch für die Erreichung der eigenen Ziele.

16 FEHLER GEHÖREN ZUM LERNPROZESS

"Niemand ist jemals gut geworden, ohne vorher etwas falsch gemacht zu haben." - William E. Gladstone

Viele haben Angst davor, etwas konkret umzusetzen, weil sie Angst davor haben, einen Fehler zu machen.

Glückliche und erfolgreiche Persönlichkeiten wissen, dass Fehler ein wichtiger Teil des Lernprozesses sind.

Es ist wichtig, dass wir keine Angst vor Fehlern haben und bereit sind, sie zu tun.

Einfach loslegen, Fehler machen, auf das Feedback reagieren, anpassen und weitermachen. So nähern wir uns Schritt für Schritt unserem Ziel.

Jede Erfahrung bringt neue wertvolle Informationen mit sich, die wir beim nächsten Mal berücksichtigen können. Wir können niemals weniger lernen, sondern immer mehr.

Richard Pallman

Ein bedeutender Mediziner wurde mal danach gefragt, was der Schlüssel seines Erfolgs ist.

Sein Erfolg basierte auf den Erfahrungen, die er als 2-jähriges Kind gemacht hatte.

Er versuchte eine Flasche Milch aus dem Kühlschrank zu holen und ließ sie dabei fallen. Die Flasche zerbrach und die Milch verteilte sich auf dem Boden.

Statt, dass seine Mutter mit ihm schimpfte, tat sie etwas, dass seine Einstellung zu Fehlern für immer geändert hat: "Wenn die Flasche schon kaputt und die Milch ausgelaufen ist, möchtest du vielleicht darin spielen?"

Nach einigen Minuten sagte sie: "Weißt du, immer wenn etwas daneben geht, müssen wir es hinter uns auch wieder aufräumen und den Schaden korrigieren. Wie würdest du es gerne machen? Wir können das Handtuch, den Schwamm oder die Küchenrolle dafür nutzen."

Nachdem sie die Milch weggewischt hatten, sagte sie: "Was vorhin passiert ist, war ein gescheitertes Experiment, wie man eine große Flasche Milch mit zwei kleinen Händen am besten trägt. Lass uns eine neue Flasche nehmen, sie mit Wasser auffüllen und im Garten herausfinden, wie man die Flasche am besten trägt, ohne, dass sie aus den Händen fällt."

Seit diesem Erlebnis wusste er, dass er keine Angst davor haben brauchte, Fehler zu machen. Er hat für sich verstanden, dass Fehler eine Möglichkeit darstellen, etwas Neues zu lernen.

17 ÄNGSTE MEISTERN

"Wir können auf Zehenspitzen durchs Leben spazieren und hoffen, dass wir durchkommen, ohne verletzt zu werden. Oder wir können ein erfülltes und vollkommenes Leben leben, unsere Ziele erreichen und die wildesten Träume verwirklichen." - Mike Wallbird

Auf dem Weg zu unseren persönlichen Zielen werden wir einigen Ängsten begegnen.

Angst ist etwas ganz Natürliches. Wann immer wir ein neues Projekt starten, ein neues Abenteuer beginnen, oder uns für etwas entscheiden, treten auch gewisse Ängste auf.

Es ist wichtig, dass wir uns von ihnen nicht aufhalten lassen.

Warum haben wir Angst?

Vor Tausenden von Jahren war Angst etwas, das uns signalisierte, dass wir uns außerhalb unserer Komfortzone befinden.

Es versorgte uns mit ausreichend Adrenalin, um kämpfen oder weglaufen zu können.

Diese Reaktion ist besonders in der Wildnis sehr vorteilhaft. Heutzutage sind die meisten Bedrohungen und Ängste jedoch nicht wirklich lebensbedrohlich.

Angst ist ein Signal dafür, dass wir aufmerksamer und vorsichtiger sein sollten. Wir können die Angst wahrnehmen und vorsichtig fortfahren.

Angst ist wie kleines Kind, welches sich vor dem Supermarkt fürchtet. Wir würden uns davon nicht abhalten lassen, die Lebensmittel zu besorgen, die wir für das Mittagessen benötigen.

Wir würden diese Ängste wahrnehmen, sie berücksichtigen und gefühlvoll darauf eingehen.

Genauso ist es mit allen unseren Ängsten. Wir sollten Angst bewusst wahrnehmen, akzeptieren und uns nicht davon abhalten lassen, wichtige Dinge zu erledigen.

Angst ist nicht gleich Angst

Es gibt verschiedene Arten von Ängsten. Es gibt selbst erschaffene, erlebte, auftretende und echte Ängste.

Die meisten Ängste, die wir heute erleben, sind keine realen, sondern selbst erschaffene Ängste.

Wir erschaffen sie durch unsere Gedanken, indem wir uns bei jeder Aktivität den schlimmsten Ausgang visuell vorstellen.

Anstatt das schlimmste Szenario vorzustellen, können wir uns auf tatsächliche Fakten fokussieren und eine positive Einstellung einnehmen.

Was sind die Dinge, vor denen wir Angst haben?

Beispiele hierfür könnten sein:
- Meinen Chef nach einer Gehaltserhöhung zu fragen
- Eine bestimmte Leggings anzuziehen
- Ein neues Rezept auszuprobieren
- Ein neues Restaurant zu besuchen
- Cathy nach einem Date zu fragen
- Fallschirmspringen zu gehen
- Meine Kinder alleine mit einem Babysitter zu lassen
- Den Job zu kündigen, den wir nicht mögen
- Wichtige Aufgaben an jemand anderes zu delegieren

Was sind die dahinter liegenden Ängste?

Beispiele hierfür könnten sein:
- Ich möchte meinen Chef nach einer Gehaltserhöhung fragen. Ich mache mir Angst, indem ich mir vorstelle, dass er sauer auf mich sein wird.
- Ich möchte gerne diese neue Leggings tragen. Ich mache mir Angst, indem ich mir vorstelle, dass ich darin nicht wirklich ästhetisch aussehe.
- Ich möchte Cathy gerne nach einem Date fragen. Ich mache mir Angst, indem ich mir vorstelle, dass sie "Nein" sagen und mich auslachen wird.
- Ich möchte gerne einige wichtige Aufgaben an jemand anderes delegieren. Ich mache mir Angst, indem ich mir vorstelle, dass sie die Dinge nicht so gut wie ich erledigen.

Diese Beispiele verdeutlichen, dass die meisten Ängste durch unsere eigene negative Vorstellungskraft geschaffen werden.

Richard Pallman

Wir haben schon unzählige Ängste gemeistert

Haben wir jemals gelernt, von einem Sprungbrett ins Wasser zu springen? Wenn ja, können wir uns wahrscheinlich an den ersten Sprung erinnern. Der Moment, wo wir uns langsam ans Ende des Brettes bewegten. Das Brett schien um einiges höher als es tatsächlich war.

Wahrscheinlich hatten wir etwas Angst vor unserem ersten Sprung. Wir haben uns von diesem Gefühl jedoch nicht aufhalten lassen.

Wir haben nicht unsere Eltern oder den Schwimmlehrer angeschaut und gesagt: "Ich glaube, ich habe Angst. Ich lasse das therapieren, und wenn ich keine Angst mehr habe, versuche ich es erneut."

Wir haben die Angst in unserem ganzen Körper gespürt und sind trotzdem gesprungen und haben festgestellt, dass es im Endeffekt gar nicht so schlimm war.

Nachdem wir den kleinen Adrenalinkick am Beckenrand weggeatmet haben, sind wir nach wenigen Minuten wahrscheinlich direkt erneut gesprungen.

Am Ende hat es wahrscheinlich sogar unglaublich viel Spaß gemacht. Nach nur wenigen Sprüngen haben wir verschiedene Kunstsprünge getestet und versuchten unsere Freunde nass zu spritzen.

Oder, wie hat es sich angefühlt, als wir das erste Mal mit dem Auto gefahren sind oder das erste Mal jemanden geküsst haben?

Neue Erlebnisse fühlen sich meistens beängstigend an. Das ist nun mal so wie es funktioniert. Doch jedes Mal, wenn wir Ängste verspüren und es doch tun, stärken wir das Selbstvertrauen in unseren Fähigkeiten.

Risiko verringern

Wenn wir nicht können, müssen wir. Und wenn wir müssen, können wir. Wir haben die meiste Angst vor den Dingen, welche das größte Wachstumspotenzial für uns beinhalten.

Wenn uns etwas so viel Angst macht, dass wir uns paralysiert fühlen und nicht trauen uns nach vorne zu bewegen, können wir bewusst das Risiko verringern.

Wir können einfach mit einer kleineren Herausforderung beginnen und uns langsam herantasten.

Wir können mit dem leichtesten Kunden beginnen. Wir können zunächst kleine Aufgaben übernehmen oder mit einem spezifischen Training starten.

Einfach mit den kleinen Schritten beginnen, die nötigen Fähigkeiten aneignen und größere Herausforderungen meistern.

18 PERSÖNLICHER EINSATZ

"Wenn Leute wüssten, wie schwer ich mir meine Fähigkeiten erarbeitet habe, wäre es für sie wahrscheinlich nicht mehr wunderschön." - Michelangelo

Hinter jeder großen Leistung befindet sich eine besondere Geschichte, ein besonderes Training, besondere Übungen, besondere Disziplin und besondere Opfer.

Manchmal wird für eine gewisse Zeit alles andere in den Hintergrund gestellt und das zu erreichende Ziel vollkommen fokussiert.

Manchmal bedeutet es stundenlanges Training und Wiederholung. Manchmal bedeutet es die Investition seiner gesamten Ersparnisse. Manchmal bedeutet es, eine sichere und angenehme Umgebung zu verlassen.

Manchmal bedeutet es, etwas vollkommen Außergewöhnliches zu tun. Manchmal bedeutet es, seine persönlichen Gewohnheiten zu verändern. Manchmal bedeutet es, auf gewisse Speisen und Aktivitäten zu verzichten.

Das Wichtigste ist jedoch die Bereitschaft das zu tun, was für die Erreichung seiner persönlichen Ziele notwendig ist.

Es ist wichtig, dass wir die Dinge regelmäßig und konsequent tun. Übung und Training sind nicht das, was wir einmalig tun, nachdem wir gut geworden sind. Sie sind das, was uns gut werden lässt.

Viele Athleten, Musiker, Tänzer, Comedians und andere erfolgreiche Persönlichkeiten trainieren ihre sportlichen Fähigkeiten, Tanzvariationen und Routinen regelmäßig.

Das, was sie von den Durchschnittlichen unterscheidet, ist die Art ihres Trainings.

Es ist die Bereitschaft, die kleinen Dinge immer und immer wieder zu wiederholen und zu perfektionieren. Durch die Perfektion der kleinen Schritte wird ihre gesamte Leistung besser.

Sie spielen nicht nur einzelne Stücke immer und immer wieder, sondern trainieren gezielt einzelne Handgriffe und Übergänge. Sie setzen sich immer wieder neue Herausforderungen und Ziele, die sie erreichen.

Das Wiederholen und Trainieren einzelner Teilschritte ist nicht immer angenehm und macht nicht immer Freude. Es ist jedoch erforderlich, um im Gesamtergebnis Fortschritte zu machen.

Sie üben nicht nur, weil es ihnen Spaß macht. Sie setzen sich einzelne Ziele und wiederholen bestimmte Teilschritte konsequent über einen längeren Zeitraum.

Regelmäßiges und gezieltes Training sind wichtiger, als das nötige Talent.

Richard Pallman

19 ABLEHNUNG

Ablehnung ist ein natürlicher Teil des Lebens. Wir wurden abgelehnt, als wir nicht ins Team berufen wurden, wir nicht das Stück spielen durften, wir nicht gewählt wurden, wir nicht die Zusage für den Job oder die Beförderung erhalten haben oder wir nicht das Date bekommen haben, das wir uns gewünscht haben.

Es gibt im Leben unzählige Ereignisse, in denen wir unterschiedliche Arten der Ablehnung erleben. Doch ist Ablehnung nur ein gedankliches Konstrukt und existiert nicht in der realen Welt.

Es ist ein Konzept in unserem Kopf, mit dem wir bestimmte Dinge einschätzen. Wenn wir eine geliebte Person nach einem gemeinsamen Abendessen fragen und sie ablehnt, hatten wir vorher niemanden zum Abendessen und nachher auch nicht.
 Durch die Absage hat sich an unserem Zustand real nichts verändert.

Die Situation hat sich nicht verschlechtert, sondern ist gleich geblieben. Es wird nur schlimmer, wenn wir beginnen, die Situation innerlich zu kommentieren: "Immer wieder das Gleiche. Niemand will mit mir ausgehen. Ich werde nie jemanden finden."

Wenn wir uns an Harvard für einen Studienplatz bewerben und wir keine Zusage erhalten, waren wir vor der Ablehnung nicht auf Harvard und sind es auch danach nicht.

Wieder hat sich real nichts an unserer Situation verändert. Die Wahrheit ist, dass wir durchs Fragen niemals etwas verlieren, aber immer etwas Zusätzliches gewinnen können.

Wann immer wir eine Ablehnung erfahren, können wir uns an Folgendes erinnern: Manchmal klappt es und manchmal klappt es nicht. Das ist OK. Denn jemand wartet genau auf mich.

In unserem Leben wird es immer Personen geben, die gegenüber uns und unseren Ideen positiv gestimmt sind. Es wird genauso aber auch immer Personen geben, die anderer Meinung sind.

Es gibt aber immer jemanden, der genau auf uns wartet. Es ist nur eine Frage der Zeit, bis wir diejenige Person finden. Wir dürfen nur nie aufhören danach zu fragen.

Es gibt viele berühmte Beispiele dafür, dass sich durchhalten lohnt:

- Model Angie Everhart begann mit 16 Jahren zu modeln und wurde von diversen namenhaften Agenturen abgelehnt. Ihr wurde gesagt, dass sie es niemals als Model schaffen würde. Der Grund waren ihre natürlichen roten Haare. Und trotzdem schaffte sie es, die erste Frau mit roten Haaren zu sein, die auf dem Cover der Glamour erschien. Sie spielte in 27 Filmen mit und trat in diversen TV-Shows auf.

- Im Jahr 1998 fragten die Google Gründer Sergey Brin und Larry Page eine Übernahme durch Yahoo an. Yahoo lehnte Google ab und schlug vor, dass sie selbst ihr Schulprojekt weiter ausarbeiten sollten. Schon nach 5 Jahren hatte Google einen Marktwert von über 20 Milliarden.

- Steven Spielberg wurde zweimal von der berühmten USC-Filmschule abgelehnt. Er absolvierte seine Ausbildung an einer anderen Universität. Später produzierte er Blockbuster wie E.T. und Jurassic Park. Nach über 27 Jahren erhielt er von der USC einen Ehrendoktortitel.

20 WARUM FEEDBACK?

"Feedback ist das Frühstück der Champions." - Ken Blanchard

Sobald wir damit beginnen, konkrete Handlungen vorzunehmen und Dinge konkret umzusetzen, werden wir Feedback auf unser Handeln erhalten.

Wir erhalten Daten, Ratschläge, Anregungen, Hilfe und sogar Kritik, die uns hilft, uns ständig zu verbessern und voranzukommen. Wir können damit unser Wissen, unsere Fähigkeiten, unsere Einstellungen und Beziehungen kontinuierlich verbessern.

Nach entsprechendem Feedback zu fragen, ist nur der erste Schritt. Sobald wir Feedback erhalten haben, müssen wir bereit sein, angemessen darauf zu reagieren.

Es gibt zwei Arten von Feedback: positiv und negativ. Wir neigen dazu, positives Feedback zu bevorzugen. Dazu gehören Ergebnisse, Geld, Lob, Anerkennung, Auszeichnungen, Beförderungen, ein zufriedener Kunde, innere Ruhe, Intimität und Vergnügen.

Diese Art von Feedback fühlt sich für uns gut an. Es zeigt uns, dass wir auf dem richtigen Weg sind und das Richtige tun.

Wir neigen dazu, negatives Feedback nicht zu mögen. Dazu gehören zu wenig Ergebnisse, zu wenig Geld, Kritik, schlechte Bewertungen, nicht befördert zu werden, Beschwerden, Unzufriedenheit, innerer Konflikt, Einsamkeit und Schmerz.

Diese Art von Feedback beinhaltet genau so viele nützliche Informationen wie positives Feedback. Es zeigt uns, dass wir uns nicht auf dem richtigen Kurs befinden, in die falsche Richtung gehen und die falschen Dinge tun.

Eines der wichtigsten Dinge, die wir tun sollten, ist unsere Einstellung gegenüber negativem Feedback zu ändern.

Negatives Feedback stellt Punkte dar, in denen wir Chancen zur Verbesserung haben.

Es zeigt uns Stellen auf, die uns vielleicht nicht bewusst waren und die wir verbessern können. Jede Art von Feedback ist für uns wertvoll.

Warm oder kalt

Es gibt viele verschiedene Möglichkeiten auf Feedback zu reagieren. Wie wir darauf reagieren, kann uns unserem Ziel näher bringen, oder weiter davon entfernen.

Es gibt verschiedene Beispiele, die veranschaulichen, wie wir Feedback für uns nutzen können.

Während eines Vortrages stellt sich der Referent mit verbundenen Augen ans Ende vom Raum. Zur gleichen Zeit stellt sich ein Teilnehmer ans andere Ende vom Raum.

Der Teilnehmer stellt den zu erreichenden Zielort dar, zu dem der Referent gehen soll. Bei jedem Schritt, den der Referent macht, gibt der Teilnehmer ein Feedback in Form von "warm" oder "kalt".

Bei jedem Schritt in die richtige Richtung kommt als Feedback "warm" und bei jedem Schritt in die falsche Richtung kommt als Feedback "kalt" zurück, woraufhin der Kurs umgehend angepasst wird.

Nach einigen Zickzack-Bewegungen ist das Ziel schließlich erreicht. Im Laufe der Strecke kam als Feedback häufiger "kalt" als "warm" zurück.

Obwohl der Referent häufiger auf dem falschen als auf dem richtigen Weg war, wurde das Ziel schließlich erreicht. Das Wichtige dabei ist nicht aufzugeben, sondern seinen Kurs dem Feedback entsprechend anzupassen.

Dasselbe gilt auch für unser Leben. Alles, was wir zu tun haben, ist anzufangen und auf das Feedback zu reagieren. Wenn wir dies konsequent und lange genug tun, werden wir unser Ziel erreichen.

Wie wir nicht auf Feedback reagieren sollten

Es gibt verschiedene Möglichkeiten auf Feedback zu reagieren. Einige davon entfernen uns von unserem Ziel und sind eher hinderlich:

1. Aufgeben: In dem vorhin genannten Beispiel geht der Referent wieder an seine Startposition zurück. Nach wenigen Schritten hört er immer wieder "kalt", "kalt", "kalt".

Anstatt seinen Kurs zu ändern, bricht er zusammen und reagiert über: "Ich kann das nicht mehr aushalten. Das Leben ist zu hart. Ich kann diese ständige Kritik nicht mehr ertragen."

Es ist wichtig, dass wir bei negativem Feedback nicht in Selbstmitleid versinken und aufgeben.

Dieses Verhalten bringt uns kein Stück näher an unser Ziel. Wir sollten uns bei negativem Feedback immer daran erinnern, dass jede Art von Feedback nur eine Information für uns darstellt.

Wenn ein Flugzeug auf Autopilot fliegt, bekommt es ständig die Information, dass es zu hoch, zu tief, zu weit links oder zu weit rechts ist. Auf diese Weise hat das Flugzeug die Möglichkeit, den Kurs ständig anzupassen und sein Zielort zu erreichen.

2. Sich über den Feedbackgebenden aufregen: In dem vorhin genannten Beispiel geht der Referent wieder an seine Startposition. Nach wenigen Schritten hört er immer wieder "kalt", "kalt", "kalt".

Anstatt seinen Kurs zu ändern, zeigt er mit dem Finger auf den Feedbackgebenden und reagiert über: "Was soll das? Alles, was du kannst, ist mich ständig zu kritisieren. Du bist die ganze Zeit so negativ. Kannst du nicht mal etwas Positives zu mir sagen?"

Es ist wichtig, dass wir uns bei negativem Feedback nicht über den Feedbackgebenden aufregen. Wir werden dadurch langsamer, verlieren unseren Fokus aufs Ziel und werden in Zukunft weniger Feedback erhalten.

3. Feedback ignorieren: Im dritten Beispiel geht der Referent an die Startposition, steckt sich die Finger in die Ohren und geht los.

Dadurch, dass der Referent die Finger in den Ohren hat, kann er das Feedback nicht hören und nicht darauf reagieren.

Es ist wichtig, dass wir wertvolles Feedback nicht einfach ignorieren. Es gibt immer wieder Personen, die alle anderen Sichtweisen ignorieren und unterdrücken.

Sie sind nicht daran interessiert, was andere ihnen mitteilen möchten. Sie wollen nichts Unangenehmes wahrhaben. Das Feedback könnte ihr Leben zum Besseren verändern, wenn sie darauf hören und reagieren würden.

Diese Reaktionen auf negatives Feedback bringen uns kein Stück näher an unser Ziel.

Dadurch erhalten wir in Zukunft vielleicht weniger negatives Feedback, aber gleichzeitig auch weniger Informationen, die uns näher an unser Ziel bringen.

Jede Art von Feedback ist für uns eine wichtige Information und sollte nicht persönlich genommen werden.

Die beste Art auf Feedback zu reagieren, ist zu sagen: "Danke für das Feedback. Danke, dass du dir Gedanken um mich gemacht hast und mir gesagt hast, wie du das siehst und wie du dazu stehst. Ich weiß das sehr zu schätzen."

Aktiv nach Feedback fragen

Die meisten Personen geben nur selten aus Eigeninitiative persönliches Feedback.

Sie möchten unangenehme Konfrontationen vermeiden. Sie wollen Gefühle nicht verletzen, haben Angst vor negativen Reaktionen und wollen die Freundschaft nicht gefährden.

Um ehrliches und offenes Feedback zu erhalten, müssen wir gezielt danach fragen. Dabei müssen wir bereit sein, auch unangenehme Rückmeldung anzunehmen und keine Diskussionen zu starten.

Richard Pallman

Das Beste, was wir tun können, ist dem Feedbackgebenden bis zum Ende zuzuhören und uns anschließend freundlich zu bedanken.

Eine sehr hilfreiche Frage, die wir unseren Freunden und Familienangehörigen stellen können, ist: "Was denkt ihr, ist meine größte Schwäche, mit der ich mich von der Erreichung meiner Ziele abhalte?"

Die Antworten, die auf diese Frage folgen, können für uns neue Sichtweisen und Perspektiven öffnen.

Sobald wir wissen, was uns aufhält, können wir etwas dagegen tun. Wir können nichts korrigieren oder anpassen, von dem wir gar nichts wissen.

Wir können unser Leben, unsere Beziehung, unser Spiel oder jede andere Leistung nur mit entsprechendem Feedback verbessern. Wenn es etwas gibt, was anderen an uns stört, sind wir wahrscheinlich die Einzigen, die es noch nicht wissen.

Es ist sehr wahrscheinlich, dass sie bereits mit anderen Personen, Familienmitgliedern, Kunden, Geschäftspartnern, Klassenkameraden etc. darüber gesprochen haben, wie unzufrieden sie mit unserem Verhalten oder unserer Leistung sind.

Auch wenn sie diese Punkte direkt mit uns besprechen sollten, ist dies wahrscheinlich nicht der Fall, weil sie Angst vor einer Konfrontation haben.

Wenn wir nicht nach Feedback fragen, gehen uns wichtige Informationen verloren, mit denen wir unsere Beziehung, unsere Leistung, unseren Unterricht, unsere Dienstleistung und weitere Punkte verbessern könnten. Feedback ist ein Geschenk, das uns hilft, unseren Kurs zu ändern.

21 DIE WAHRSCHEINLICH WICHTIGSTE FRAGE

Sich selbst und anderen bestimmte Fragen zu stellen und sich damit aufrichtig auseinanderzusetzen, ist eine Art sich selbst herauszufordern und zu prüfen.

Es gibt eine einfache Frage, die zum Nachdenken anregt und das Potenzial hat, unser Leben zu verändern.

Sie kann in jedem Lebensbereich und den unterschiedlichsten Situationen eingesetzt werden.

Die Frage: Wie würdest du auf einer Skala von 1 bis 10 die Qualität unserer Beziehung (unseres Produktes, unseres Trainings etc.) in der letzten Woche (Monat, Quartal, Semester etc.) bewerten?

Diese Frage kann die Qualität jeder Beziehung, jedes Produktes, jeder Dienstleistung, jedes Meetings und jedes Trainings verbessern. Die Frage kann leicht den entsprechenden Situationen angepasst werden.

Wie würdest du auf einer Skala von 1 bis 10:
- unser letztes Gespräch bewerten?
- mich als Vorgesetzten bewerten?
- mich als Elternteil bewerten?
- mich als Trainer bewerten?
- die letzte Trainingseinheit bewerten?
- das letzte Gericht bewerten?
- unser Sex-Leben bewerten?
- mich als Person bewerten?

Auf jede Antwort kleiner als 10 folgt die folgende Frage: "Was würde es zu einer 10 machen?"

Mit dieser Frage erhalten wir die wichtigen Informationen mit konkreten Verbesserungspotenzialen.

Wir erfahren konkrete Details, was wir tun können, um daraus eine 10 zu machen.

Wir sollten jedes Projekt, Meeting, Training, Beratung, Dienstleistung, Event und alles, was uns wichtig ist mit diesen zwei Fragen abrunden.

Wir können daraus ein wöchentliches Ritual machen. Wir können unseren Partner jede Woche diese Frage stellen:

Peter: "Wie würdest du die Qualität unserer Beziehung in der letzten Woche bewerten?"
Cathy: "8."

Peter: "Was würde es zu einer 10 machen?"
Cathy: "Mindestens 4 Tage die Woche mit mir zur gleichen Zeit schlafen gehen. Rechtzeitig zum Abendessen erscheinen oder mich kurz informieren, dass es später wird. Ich sitze hier nur ungern im Ungewissen und warte. Mich während eines Witzes nicht unterbrechen, weil du denkst, dass du ihn besser

erzählen kannst. Und die getragene Kleidung direkt in den Wäschekorb machen, anstatt auf dem Boden abzulegen."

So ergeben sich unterschiedliche Verbesserungspotentiale, die wir direkt anwenden können.

22 AUF FEEDBACK REAGIEREN

"Am besten gehen wir Schritt für Schritt, denn sollten wir in eine Pfütze treten, wird nur ein Fuß nass." - Buckminster Fuller

Feedback kommt in unterschiedlichen Formen auf uns zu. Es kann mündlich von einem Kollegen, ein Brief eines Kunden oder auch eine sportliche Veranstaltung sein, die uns als Teilnehmer ablehnt.

Feedback kann aufgefordert und unaufgefordert auf uns zukommen. Wir sollten darauf hören, was andere uns sagen. Wir sollten aber auch auf unseren Körper, unsere Gefühle und Instinkte achten.

Egal was für ein Feedback wir erhalten. Wenn sich für uns etwas nicht richtig anfühlt, dann ist es für uns vielleicht auch nicht richtig.

Nicht jedes Feedback, das wir erhalten, entspricht der absoluten Wahrheit. Wir müssen immer berücksichtigen, wer uns gerade das Feedback gibt.

Jede Person nimmt ihre Umwelt subjektiv und individuell wahr. Das Feedback, das wir erhalten, ist manchmal durch diese subjektive Sicht verzerrt.

Wenn wir zum Beispiel einen alkoholsüchtigen Partner haben, der uns sagt, dass wir nichts wert sind, ist dies sehr wahrscheinlich kein korrektes und nützliches Feedback.

Die Tatsache, dass unser Partner betrunken und wütend ist, ist an sich selbst ein Feedback, auf das wir reagieren sollten.

Wir sollten in dem Feedback, das wir erhalten auf Gemeinsamkeiten und Muster achten.

Wenn eine Person sagt, dass wir ein Pferd sind, ist diese Person verrückt. Wenn drei Personen sagen, dass wir ein Pferd sind, ist das eine Verschwörung gegen uns. Und wenn 10 Personen sagen, dass wir ein Pferd sind, könnte es an der Zeit sein, einen Sattel zu kaufen.

Wenn mehrere Personen uns das gleiche Feedback geben, sollten wir dies nicht einfach ignorieren. Es könnte sich in dem Gesagten eine gewisse Wahrheit befinden.

Auch wenn wir selbst im Recht sind, sollten wir uns immer fragen: "Habe ich lieber Recht, oder bin ich lieber glücklich? Habe ich lieber Recht, oder bin ich lieber erfolgreich?"

Es gibt viele Personen, die lieber Recht haben, als glücklich und erfolgreich zu sein.

Sie regen sich über jeden auf, der versucht, ihnen ein entsprechendes Feedback zu geben: "Du hast kein Recht so mit mir zu sprechen.", "Das ist meine Sache und ich kann das so machen, wie ich will." oder "Mir ist absolut egal, was jemand dazu denkt."

Diese Personen sind an den Meinungen und dem Feedback anderer nicht interessiert.

Auf diese Weise entfernen sie sich von Freunden, Familienmitgliedern, Kunden, Partnern, Mitarbeitern und Kollegen. Sie haben zwar Recht, setzen jedoch ihr Glück und Erfolg aufs Spiel. Es ist wichtig, dass wir nicht in so eine Falle tappen.

Welches Feedback haben wir bereits von Familie, Freunden, Kollegen, Vorgesetzten, Partnern, Teamkollegen und unserem eigenen Körper erhalten?

Gibt es Gemeinsamkeiten und Muster, die sich abbilden? Was sind die Dinge, die wir verändern sollten, um uns wieder in die richtige Richtung zu bewegen?

Wenn alles Feedback darauf hindeutet, dass wir an gewissen Stellen gescheitert sind, gibt es einige Schritte, die uns wieder auf Kurs bringen:

1. Sich bei jedem über das Feedback und die Informationen bedanken.

2. Anerkennen, dass wir das Beste getan haben, was uns zu dem Zeitpunkt durch unser Wissen und unsere Fähigkeiten möglich war.

3. Anerkennen, dass wir es überlebt haben und mit den Konsequenzen und Ergebnissen fertig werden können.

4. Alle wichtigen Erfahrungen, die wir auf dem Weg gesammelt haben, aufschreiben. Dabei eine Liste mit Punkten erstellen, die das nächste Mal besser gemacht werden können.

5. Alle Scherben hinter sich wegräumen. Dazu gehören Entschuldigungen und Reue. Es ist wichtig, dass wir unsere Fehler korrigieren.

6. Die Erfolge der Vergangenheit betrachten. Üblicherweise haben wir auf dem Weg bereits mehrere kleinere Erfolge erzielt. Es ist wichtig, diese kleinen Erfolge bewusst wahrzunehmen und anzuerkennen.

7. Etwas Zeit mit den Liebsten in unserem Leben verbringen, die uns wertschätzen und uns gerne um sich herum haben. Dazu gehören wahrscheinlich Familie, Freunde und Kollegen. Dies gibt wieder Kraft, Mut und Liebe weiterzumachen.

8. Frischen Fokus auf die eigenen Ziele setzen. Die gemachten Erfahrungen in den ursprünglichen Plan integrieren oder seine Schritte komplett neu ausrichten.

Wichtig ist, nicht aufzugeben, sondern dranzubleiben. Es ist wichtig, dass wir lernen zu pausieren, zu reflektieren und weiterzumachen. Wahrscheinlich werden wir auf dem Weg so einige Fehler machen und Rückschläge erleben.

Wir müssen lernen, wieder aufzustehen, den Staub von unseren Schultern zu entfernen, zurück aufs Pferd zu steigen und weiter zu reiten.

23 KONSTANTE VERÄNDERUNG

"Wir haben ein innerliches Verlangen danach, endlos zu lernen, zu wachsen und sich weiterzuentwickeln. Sobald wir diesem Verlangen nachgehen, führen wir ein Leben endloser Errungenschaften und innerer Zufriedenheit." - Chuck Gallozzi

In Japan steht das Wort "Kaizen" für konstante und niemals endende Verbesserung. Es ist nicht nur die Philosophie erfolgreicher Unternehmer, sondern auch das Mantra von vielen erfolgreichen und glücklichen Menschen.

Egal, ob im Sport, in der Persönlichkeit, im Geschäftlichen oder in der Kunst. Glückliche Menschen sind immer danach bestrebt, etwas beim nächsten Mal anders zu machen.

Wir sollten uns regelmäßig danach fragen, wie wir etwas in unserem Leben verbessern können. Wie können wir gesünder essen? Wie können wir besser kommunizieren? Wie können wir die Personen um uns herum glücklicher machen? Wie können wir liebevoller sein? Wie können wir effizienter arbeiten?

From Good To Great

Wir befinden uns in einer immer schneller verändernden Welt. Täglich entstehen neue Innovationen, Erkenntnisse, Erfahrungen, Produkte und Hilfsmittel.

Die Art, wie wir kommunizieren, uns fortbewegen und unsere Aufgaben erledigen, befindet sich in einem konstanten Wandel.

Es ist wichtig, dass wir offen für Veränderungen sind und uns in kleinen Schritten konstant weiterentwickeln. Wann immer wir etwas verändern oder verbessern wollen, ist es wichtig, dass wir mit kleinen Schritten beginnen.

Kleine messbare Schritte, die wir dauerhaft machen, sind der Schlüssel zu unserem Erfolg.

Zu große und zu schnelle Entwicklungen belasten uns und könnten uns überfordern. Dadurch kann das Gefühl entstehen, dass das angestrebte Ziel zu groß für uns ist und wir es nur unmöglich erreichen können.

Kleine, messbare und konstante Schritte lassen uns die größten Dinge vollbringen. Sie stärken unseren Glauben daran, dass wir es schaffen können.

Im Beruflichen wollen wir vielleicht die Qualität der Produkte oder Dienstleistungen erhöhen oder unsere technischen Fähigkeiten und unser Verhandlungsgeschick verbessern.

Zu Hause wollen wir vielleicht unsere Kommunikationsfähigkeiten, unsere Art mit unseren Kindern umzugehen und unsere Kochkünste verbessern.

Vielleicht ist es die Verbesserung unserer Gesundheit und Fitness oder unserer künstlerischen und musikalischen Fähigkeiten.

Vielleicht wünschen wir uns auch einfach mehr inneren Frieden und Entspannung. Mit kleinen und konstanten Veränderungen können wir alles in unserem Leben verschönern.

Was können wir heute verbessern? Was können wir heute besser tun als gestern? Wo können wir unsere Fähigkeiten oder Kompetenzen weiterentwickeln?

Große Veränderungen brauchen ihre Zeit. Sie kommen nicht über Nacht in unser Leben.

Viele Produkte und Dienstleistungen versprechen uns sofortige Ergebnisse. Wir haben die Erwartung entwickelt, dass alles in unserem Leben sofort und schnell gehen muss.

Wir sind schnell enttäuscht, wenn etwas nicht wie erwartet eintrifft.

Wenn wir uns die nötige Zeit geben und uns dafür entscheiden, jeden Tag ein bisschen besser zu werden als vorher, werden wir Schritt für Schritt unsere Ziele erreichen.

Es braucht teilweise Jahre, um das nötige Wissen, die nötige Erfahrung und die nötige Weisheit zu entwickeln. Jedes Buch, das wir lesen, jede Trainingseinheit und jede Erfahrung, die wir machen, ist ein Baustein unseres Lebens.

Schauspieler haben beispielsweise Jahre der Vorbereitung: Schauspielunterricht, Theaterauftritte, kleine Rollen in Filmen und Serien, Gesangsunterricht, Akzenttraining, Tanzunterricht, Kampfkunsttraining und andere Fähigkeiten, die für bestimmte Rollen benötigt werden.

Bis sie eines Tages bereit für ihre Traumrolle sind, auf welche sie die ganzen Jahre hingearbeitet haben.

Erfolgreiche Fußballspieler lernen, mit ihrem schwachen Bein zu schießen, verbessern ihre Sprint- und Reaktionsfähigkeit und Laufwege.

Künstler experimentieren mit unterschiedlichen Medien. Flugzeugpiloten trainieren in Simulatoren jede erdenkliche Notfallsituation. Ärzte nehmen an regelmäßigen Fortbildungen teil, um neue Vorgehensweisen und Heilungsansätze kennenzulernen. Sie alle entwickeln sich konstant weiter.

Wir werden niemals etwas dauerhaft in unserem Leben verändern, wenn wir nicht damit beginnen, es täglich zu tun. Der Schlüssel zum Erfolg liegt in unseren täglichen Gewohnheiten.

Es gibt Dinge, die wir jeden Tag etwas mehr tun können. Und es gibt Dinge, die wir jeden Tag etwas weniger tun können.

Wir können jeden Tag 10 Liegestütze mehr machen, 10 Minuten mehr entspannen, 10 Minuten mehr Dehnen, 10 Seiten mehr lesen, eine halbe Stunde länger schlafen oder 1 Teelöffel natürliche Nährstoffe integrieren.

Wir können jeden Tag eine Stunde weniger Fernsehen, ein Glas weniger Wein trinken, ein Kaffee weniger trinken oder eine Stunde weniger im Internet verbringen.

Über die Zeit haben diese kleinen Veränderungen einen riesigen Effekt auf uns und unser Leben.

Wenn wir unseren Softdrink am Abend mit einem Glas Wasser austauschen würden, würden wir innerhalb von nur einem Jahr ca. 150 Liter mehr natürliches Wasser zu uns nehmen, etwa 50.000 leere Kalorien weniger konsumieren und ca. 200 Euro sparen.

Wenn wir jeden Tag eine Stunde weniger Fernsehen würden, hätten wir in einem Jahr 365 Stunden Zeit für neue und aufregende Dinge in unserem Leben. Dies entspricht ca. neun 40-Stunden-Wochen.

Im Laufe von 12 Jahren wären es fast 2 Jahre zusätzliche und qualitative Zeit.

Diese Zeit können wir für die Erreichung unserer persönlichen Ziele nutzen, ein neues Instrument spielen, eine neue Sprache lernen, unsere Gesundheit und Fitness verbessern und unser Leben verschönern.

24 ERFOLGE FEIERN

"Es ist wichtig, dass wir auf unser Leben zurückblicken können und das Gefühl haben, dass es gut war und wir fertig geworden sind." - Marcus Miller

Viele erinnern sich mehr an ihre Misserfolge als an ihre Erfolge.

Als Kinder wurden sie allein gelassen, wenn sie zufrieden gespielt haben und gehorsam waren. Sie haben Ärger bekommen, wenn sie nicht auf ihre Eltern gehört oder viel Lärm gemacht haben.

Wenn sie von der Schule Einsen und Zweien nach Hause gebracht haben, haben sie vielleicht ein kurzes Kompliment erhalten. Sobald die Noten schlechter waren, hatten sie die volle Aufmerksamkeit und haben ganze Vorträge darüber gehört, weshalb gute Noten wichtig sind.

In der Schule markierten Lehrer alles, was sie nicht richtig gemacht haben mit einem roten Stift, anstatt das, was richtig gemacht wurde, mit einem grünen Haken zu versehen.

Im Sport wurden sie angeschrien, wenn sie den Ball fallen gelassen haben oder beim Laufen, wenn sie zu langsam waren. Es gab in der Regel immer mehr emotionale Reaktionen für Fehler und Misserfolge als für Erfolge.

Wir können dagegen reagieren, indem wir beginnen Erfolge bewusst wahrzunehmen und zu feiern. Die Anzahl unserer Erfolge hat Einfluss auf unser Selbstbewusstsein.

Unser Selbstbewusstsein ist wie ein Stapel Pokerchips. In einem Spiel, wo wir selbst nur noch 10 und unsere Gegner über 200 Chips haben, würden wir sehr vorsichtig spielen. Unsere Gegner könnten problemlos 40 Mal 5 Chips verlieren und wären immer noch im Spiel.

Unser Selbstbewusstsein ist an der Stelle sehr ähnlich. Je mehr Selbstbewusstsein wir haben, desto eher werden wir größere Risiken eingehen.

Je mehr wir unsere Erfolge als solche anerkennen und diese feiern, desto mehr emotionales Durchhaltevermögen haben wir. Mit großem Selbstbewusstsein wissen wir, dass auch mal ein Stolpern keine große Auswirkung auf unser Leben hat.

Je mehr Risiken wir eingehen, desto mehr gewinnen wir. Je mehr Versuche wir haben, desto größer ist die Chance, einen Treffer zu erzielen.

Erfolge der Vergangenheit geben uns die Zuversicht auch in Zukunft erfolgreich zu sein.

Es gibt einige einfache Möglichkeiten, sein Selbstbewusstsein und Selbstwertgefühl zu steigern und aufrechtzuerhalten.

From Good To Great

Einzelne Erfolge dokumentieren

Eine sehr effektive Möglichkeit seine Erfolge wertzuschätzen, ist ein Erfolgstagebuch, in dem wir unsere kleinen und großen Erfolge dokumentieren.

Indem wir täglich, wöchentlich oder monatlich unsere Erfolge bewusst dokumentieren, nehmen wir sie in unser Langzeitgedächtnis auf.

Dadurch können wir jederzeit auf unsere Erfolge zurückgreifen und uns motivieren, wenn wir uns niedergeschlagen fühlen.

Vor einer großen Herausforderung erinnert uns unser Erfolgstagebuch an all unsere bisherigen Erfolge. Dies hilft uns, auf Erfolgskurs zu bleiben.

Wir können in unser Erfolgstagebuch auch Bilder, Notizen, Videos oder Zertifikate aufnehmen.

Wenn wir unser Erfolgstagebuch digital haben, können wir es mit Freunden teilen, um sich gegenseitig zu motivieren.

Das Kind in uns belohnen

In uns befinden sich drei verschiedene und unabhängige Bereiche des Egos, die unsere einzigartige Persönlichkeit bilden.

Wir haben ein elterliches Ego, ein erwachsenes Ego und ein kindliches Ego. Sie handeln auf gleiche Weise wie Eltern, Erwachsene und Kinder im echten Leben.

Unser erwachsenes Ego ist der rationale Teil. Es sammelt Informationen und trifft logische Entscheidungen ohne Berücksichtigung von Emotionen. Es plant unsere Termine, hält unsere Kontobilanz im Gleichgewicht und ist zahlenorientiert.

Unser elterliches Ego erinnert uns daran, dass wir unsere Schuhe zubinden sollen, unsere Zähne putzen müssen, unsere Hausaufgaben machen und unser Gemüse aufessen sollten.

Das elterliche Ego besteht aus zwei Teilen. Der negative Teil zeigt sich als innerer Kritiker. Es ist der Teil, der uns verurteilt und herunterzieht, wenn wir unsere eigenen Standards nicht erfüllen.

Der positive Teil ist der fürsorgliche Teil, der sicherstellt, dass es uns gut geht, wir uns sicher fühlen, gepflegt und verpflegt sind. Es ist auch der Teil, der uns anerkennt und wertschätzt, wenn wir etwas gut gemacht haben.

Unser kindliches Ego tut das, was alle Kinder tun. Es jammert, bittet nach Aufmerksamkeit, verlangt Umarmungen und randaliert, wenn seine Bedürfnisse nicht erfüllt sind.

Während wir durchs Leben gehen, fragt unser 3-jähriges Ego: "Warum sitzen wir am Schreibtisch?", "Warum haben wir nicht mehr Spaß?", "Warum sind wir so spät noch wach?", "Warum lesen wir diesen langweiligen Bericht?"

Unser elterliches Ego kümmert sich dann um das quengelnde Kind: "Mami macht das noch fertig, aber sobald wir fertig sind, gehen wir ein Eis essen oder schauen einen Film."

Mit dieser Antwort würde sich unser 3-jähriges Ego sicher zufrieden geben. Schließlich winkt am Ende eine Belohnung für uns.

Dies trifft auf alle Aktivitäten zu, die wir nicht so gerne tun. Unser kindliches Ego wird mitmachen, solange es am Ende eine Belohnung dafür gibt.

Dazu gehören ein Buch lesen, einen Film schauen, Musik hören, Tanzen oder Essen gehen.

Ein wichtiger Teil ist also die Belohnung von Erfolgen einzuplanen. Dies hält uns langfristig motiviert und auf dem richtigen Kurs.

Die regelmäßigen Belohnungen halten unser kindliches Ego glücklich und kooperativ. Besonders wenn die nächsten Herausforderungen schon vor der Tür stehen.

Wenn wir uns für unsere Erfolge belohnen, weiß unser kindliches Ego, dass es sich auf unsere Versprechen verlassen kann und wir unsere Versprechen halten.

Wenn wir unsere Versprechen nicht halten, sabotiert unser kindliches Ego unsere Bemühungen, in dem wir krank werden oder Fehler machen.

Ein sauberer Abschluss

Indem wir unsere Erfolge feiern, schließen wir die einzelnen Themen sauber ab und empfinden auch eine innerliche Fertigstellung. Es gibt uns ein Gefühl der Erfüllung und Anerkennung.

Wenn wir Wochen damit verbringen, einen Bericht zu erstellen und das von unserem Vorgesetzten nicht anerkannt wird, fühlen wir uns unvollständig.

Wenn wir jemandem ein Geschenk übermitteln und derjenige sich dafür nicht bedankt, fühlen wir uns unvollständig.

Diese kleinen Unvollständigkeiten nehmen Platz in unseren Gedanken ein.

Unser Verstand benötigt einen sauberen Abschluss, um die Themen auch emotional abzuschließen und im Archiv ablegen zu können. Dadurch haben wir mehr Fokus und Klarheit für das, was vor uns liegt.

25 ZIELE IM AUGE BEHALTEN

Negativ und unmotiviert zu sein, ist einfach. Eine positive und motivierende Einstellung erfordert Einsatz. Wir können einige Dinge in unserem Kopf nicht einfach abschalten. Wir können jedoch umschalten und unseren Fokus auf das Positive lenken.

Glückliche und erfolgreiche Persönlichkeiten behalten eine positive Einstellung. Und das unabhängig davon, was um sie herum passiert.

Sie konzentrieren sich auf die erzielten Erfolge und auf die nächsten Schritte, die vor ihnen liegen. Sie haben ihre persönlich gesetzten Ziele vor Augen und verfolgen sie aktiv.

Die 45 Minuten vor dem Schlafengehen haben eine besondere Wirkung. Alles, was wir in dieser Zeit lesen, hören, durchdenken und wahrnehmen, hat einen großen Einfluss auf unseren Schlaf und unseren nächsten Tag.

Während der Nacht wiederholt und verarbeitet unser Unterbewusstsein diese 45 Minuten sechs Mal häufiger als andere Erlebnisse während des Tages.

Dinge, die am Abend aufgenommen werden, prägen sich so stärker ein und werden eher ins Langzeitgedächtnis aufgenommen.

Wenn Kinder schöne Gute-Nacht-Geschichten vorgelesen bekommen, schlafen sie nicht nur schneller ein, sondern nehmen auch die Botschaften, Lektionen und die Moral der Geschichten auf, welche das Bewusstsein des Kindes bilden.

Wenn wir vor dem Fernseher mit den letzten Tagesmeldungen einschlafen, nehmen wir Krieg, Kriminalität, Autounfälle, Vergewaltigung, Raub, Mord und Firmenskandale auf. Diese Punkte demotivieren, verursachen Ängste und belasten uns emotional.

Wir könnten uns mit einem motivierenden Buch oder einem schönen Gespräch sehr viel besser fühlen. Wir können 3 Dinge aufschreiben, wofür wir dankbar sind oder uns 5 neue Wörter einer neuen Sprache merken, um diese schneller zu erlernen.

Wir können vor dem Schlafengehen auch unser Erfolgstagebuch aktualisieren, unsere Ziele durchlesen und die Aktivitäten des nächsten Tages planen und vorbereiten.

Wir können die Zeit nutzen, um nach Verbesserungspotenzialen zu schauen:

- Wie können wir effektiver sein?
- Wie können wir bewusster sein?
- Wie können wir ein besserer Partner, Sportler, Geschäftsmann, Lehrer sein?
- Wie können wir liebevoller sein?
- Wie können wir durchsetzungsfähiger sein?

Während des Schlafs wird unser Unterbewusstsein Lösungen hierfür finden.

26 WAS FUNKTIONIERT NICHT?

"Tatsachen hören nicht auf zu existieren, nur weil wir sie ignorieren." - Aldous Huxley

Wir verändern nur etwas, wenn wir zu handeln beginnen. Der erste und schwierigste Schritt ist dabei, ehrlich zu sich selbst zu sein.

Wenn wir etwas verändern wollen, müssen wir uns die Dinge in unserem Leben genau anschauen und erkennen, was nicht funktioniert.

Verteidigen oder ignorieren wir unser negatives Umfeld? Finden wir Ausreden für unsere kränkelnden Beziehungen zu unseren Familienmitgliedern und Freunden? Wollen wir unseren Energiemangel und unsere Müdigkeit nicht wahrhaben?

Ignorieren wir Übergewicht, Krankheiten und unsere körperliche Fitness? Nehmen wir nicht wahr, dass sich unser Umsatz in den letzten 3 Monaten nicht wie erwartet entwickelt hat?

Glückliche und erfolgreiche Personen stehen diesen Umständen offen gegenüber. Sie achten auf die Warnzeichen und ergreifen entsprechende Maßnahmen. Und das egal, wie angenehm oder unangenehm sie sind.

Wenn sich etwas in eine negative Richtung entwickelt, gibt es viele kleine Warnhinweise, die uns darauf aufmerksam machen: Unser Kind kommt wieder zu spät von der Schule oder ein Freund oder Nachbar macht einen merkwürdigen Kommentar.

Manchmal werden diese kleinen Warnhinweise wahrgenommen. Und manchmal werden sie auch bewusst ignoriert.

Viele tun so, als hätten sie etwas nicht bemerkt. Etwas zu lösen, was nicht funktioniert, erfordert häufig den Mut, Dinge zu tun, die unangenehm sind.

Vielleicht müssten wir disziplinierter Sport treiben, jemanden mit einem unangenehmen Thema konfrontieren, das Risiko eingehen, nicht gemocht zu werden, mehr Respekt einfordern oder vielleicht sogar den Arbeitsplatz wechseln.

Viele neigen dazu, diese unangenehmen Dinge zu meiden und ihre Situation mit Argumenten zu rechtfertigen. Ohne darüber bewusst zu sein, verstecken sich diese unangenehmen Situationen hinter Mythen, weit verbreiteten Denkmustern und Plattitüden:

- Es ist halt das, was Jungs machen.
- Teenager sind halt unberechenbar.
- Er bringt nur seine Frustration zum Ausdruck.
- Es hat nichts mit mir zu tun.
- Es geht mich nichts an.
- Es ist nicht meine Aufgabe es anzusprechen.
- Es gibt nichts, was ich da tun kann.
- Ich werde rausgeschmissen, wenn ich etwas sage.

- Sie ist halt in diesem Alter.
- Ich brauche das, um Abschalten zu können.
- Das löst sich von alleine.
- Ich bin mir sicher, er wird es zurückzahlen.

Manchmal finden sie Argumente dafür, dass etwas funktioniert, obwohl es nicht funktioniert. Dabei wäre es viel vorteilhafter, die Situation so zu betrachten, wie sie ist und sie zu lösen.

Es wäre günstiger, vorteilhafter, die Probleme würden sich leichter lösen und wir würden uns besser und ehrlicher fühlen.

Tatsachen werden häufig aus Angst ignoriert. Es besteht die Angst, dass die Dinge nach der Konfrontation schlimmer sein könnten.

Was sind die Situationen, bei denen wir Angst haben zu handeln?

- Raucht unser Kind oder nimmt es Drogen?
- Wälzt ein Vorgesetzter die Arbeit auf uns ab?
- Gibt ein Geschäftspartner zu viel Geld aus oder übernimmt seine Aufgaben nicht vollständig?
- Steigen die Kosten oder laufen Kredite?
- Altern die Eltern und benötigen sie Vollzeitpflege?
- Haben wir gesundheitliche Probleme durch zu wenig Sport und einer schlechten Ernährung?
- Ist der Partner nie zu Hause, zurückgezogen, respektlos oder überkritisch?
- Haben wir nicht ausreichend Zeit für Familie, Kinder und Freunde?

Viele der aufgeführten Situationen könnten eine drastische Veränderung erfordern. Die Lösung ist jedoch nicht immer seinen Job zu kündigen, die Scheidung einzureichen, einen Mitarbeiter zu entlassen oder seine Kinder zu bestrafen.

In vielen Situationen ist es hilfreicher, ein offenes Gespräch zu suchen, aktiv an seiner Beziehung zu arbeiten, Grenzen zu setzen, seine Ausgaben zu reduzieren oder andere professionelle Hilfe zu suchen.

Diese Veränderungen erfordern, dass wir unsere Ängste überwinden und handeln. Das Wichtigste ist jedoch, dass wir zuerst überhaupt erkennen, was nicht funktioniert.

Das Gute daran ist, je mehr unangenehme Situationen wir überwinden und lösen, desto besser werden wir darin und desto leichter fällt es uns.

Je früher wir eine unangenehme Situation lösen, desto einfacher ist es, sie zu lösen.

27 UNSERE INNERE STIMME

Wir sind das, was wir die meiste Zeit denken. Im Durchschnitt sprechen wir in Gedanken über 50.000 Mal pro Woche zu uns selbst.

Unglücklicherweise ist der größte Teil davon negativ und über uns selbst. Dazu gehören Dinge, wie: "Ich hätte das nicht essen sollen.", "Ich hätte das nicht sagen sollen.", "Sie mögen mich nicht.", "Ich werde das niemals schaffen.", "Ich mag nicht, wie meine Haare aussehen.", "Das andere Team wird uns fertig machen.", "Ich kann nicht tanzen.", "Ich bin kein Redner.", "Ich werde niemals mein Gewicht verlieren.", "Ich bin unorganisiert." und "Ich bin immer zu spät."

"Wir sind es, die unsere Grenzen festsetzen." - Richard Bach

Diese Gedanken haben einen starken Einfluss auf uns. Sie beeinflussen unsere Haltung, unsere Motivation, unsere Physiologie und unsere Biochemie.

Unsere Gedanken beeinflussen unser Verhalten. Sie lassen uns zittern, stottern, Dinge verschütten, vergessen, schwitzen, flach atmen, ängstlich fühlen, krank werden und lähmen uns.

Wie unsere Gedanken unseren Körper beeinflussen, wird an einem Lügendetektor leicht sichtbar: Körpertemperatur, Herzschlag, Blutdruck, Atemrhythmus, Muskelspannung und Feuchtigkeit an den Händen verändern sich.

Diese physiologischen Veränderungen treten nicht nur auf, wenn wir lügen, sondern bei jedem Gedanken, den wir denken. Jede Zelle in unserem Körper wird von unseren Gedanken beeinflusst.

Negative Gedanken beeinflussen unseren Körper negativ. Sie schwächen uns und bringen uns zum Schwitzen.

Positive Gedanken beeinflussen unseren Körper positiv. Sie machen uns entspannter, zentrierter und wachsamer.

Positive Gedanken schütten Endorphine in unserem Körper aus. Sie reduzieren Schmerzen und heben unsere Stimmung.

Es muss nicht immer wahr sein

Nur weil wir etwas denken oder in unserem Kopf hören, muss es nicht unbedingt wahr sein.

Es ist wichtig, dass wir erkennen, wenn negative Gedanken aufkommen, sie entfernen und anschließend mit positiven Gedanken ersetzen.

Wir sind diejenigen, die unsere Gedanken prüfen können. Wir können uns fragen, ob der Gedanke gerade hilfreich oder hindernd für uns ist? Ob der Gedanke uns unseren Zielen näher bringt oder davon entfernt? Ob er uns motiviert, aktiv zu werden und zu handeln, oder ob er uns lähmt und zweifeln lässt?

Es gibt verschiedene Arten negativer Gedanken, auf die wir bewusst achten sollten.

Immer oder niemals

In Wahrheit sind nur sehr wenige Dinge immer oder niemals.

Wenn wir glauben, dass etwas immer passiert oder dass wir etwas niemals erreichen werden, sind wir von Anfang an dazu verurteilt.

Wörter wie immer, nie, jeder, niemand, jedes Mal und alles, sind nur selten angebracht:

- Ich werde nie eine Gehaltserhöhung bekommen.
- Jeder nutzt mich nur aus.
- Meine Kinder hören nie auf mich.
- Ich habe nie Zeit für mich selbst.
- Sie machen sich immer lustig über mich.
- Ich bekomme nie eine Pause.
- Jedes Mal, wenn ich etwas versuche, geht es nur schief.
- Niemand interessiert sich dafür, wie es mir geht.

Wir sollten diese Sätze konkretisieren und nicht verallgemeinern:

- Wer konkret nutzt mich aus? Jeder?
- In welchen Situationen hören unsere Kinder nicht auf uns? Ist das immer so?
- Für was konkret benötigen wir Zeit? Machen wir nie etwas für uns?
- etc.

Richard Pallman

Auf das Negative konzentriert

Einige Personen konzentrieren sich in jeder Situation nur auf das Negative. Es ist wichtig, dass wir beginnen das Positive zu erkennen, wenn wir etwas in unserem Leben und unserer Umgebung verändern wollen.

In einem Unternehmen war genau das der Schlüssel zum Erfolg. Während eines Meetings wurde das Team gefragt, was in der letzten Woche positiv war.

Aus Gewohnheit kamen zuerst die Beschwerden, Probleme und Schwierigkeiten auf.

Bis ein Mitarbeiter angesprochen hat, wie inspirierend er es findet, dass der Lieferant, der die Pakete täglich abholt, sich entschieden hat, sich an einer Fachhochschule zu bewerben und zu studieren.

Langsam kamen weitere Beispiele für positive Ereignisse auf. Das Team hat es sich zur Gewohnheit gemacht, am Ende der Woche positive Erfolge aufzulisten.

Das gesamte Arbeitsklima veränderte sich mit der Zeit vom Negativen zum Positiven und ihre gesamten Erfolge sind exponentiell angestiegen.

Eine einfache Möglichkeit diesen Effekt ins eigene Leben zu integrieren, sind 7 Minuten am Morgen, in denen wir die Dinge aufzählen, für die wir dankbar sind.

Wenn wir aktiv das Positive suchen, werden wir dankbarer und optimistischer auf unsere persönlichen Erfolge ausgerichtet.

From Good To Great

Vorhersage von Katastrophen

Manchmal schaffen wir in unserem Kopf Vorhersagen von Katastrophen und handeln so, als ob sie unsere gesetzte Realität sind. Damit bestimmen wir unsere eigene Zukunft.

Dazu gehören: "Ich würde mir dabei wahrscheinlich etwas brechen.", "Mein Vorgesetzter würde dem nie zustimmen." oder "Sie würde mich bestimmt auslachen, wenn ich sie frage."

Wir sollten unsere innere Stimme an dieser Stelle anpassen.

Anstatt: "Sie würde mich bestimmt auslachen, wenn ich sie nach einem Date frage."
Lieber: "Ich bin gespannt, was sie sagen wird, wenn ich sie nach einem Date frage."

Gedanken lesen

Wir lesen Gedanken, wenn wir glauben zu wissen, was andere denken, ohne, dass sie es uns gesagt haben.

Wir erkennen, dass wir gerade "Gedanken lesen", wenn wir Gedanken haben wie: "Er ist sauer auf mich.", "Er mag mich nicht.", "Er wird "Nein" sagen." oder "Er findet mich hässlich."

Wenn wir nicht gerade über paranormale Fähigkeiten verfügen, können wir nicht wirklich wissen, was in dem anderen vorgeht, bis er es uns sagt oder wir danach fragen.

Wenn wir etwas annehmen, denken und vermuten, sollten wir konkret fragen: "Ich habe das Gefühl, dass du sauer auf mich bist. Bist du?"

Richard Pallman

Schuldgefühle

Schuldgefühle kommen auf, wenn wir Worte wie sollte oder müsste verwenden: "Ich sollte mehr Zeit damit verbringen, für meine Prüfung zu lernen.", "Ich sollte zu Hause mehr Zeit mit meinen Kindern verbringen." oder "Ich muss mehr Sport machen."

Sobald wir fühlen, dass wir etwas machen müssen, entsteht ein innerlicher Widerstand dagegen. Schuldgefühle lähmen uns von innen heraus und sabotieren unsere Ergebnisse.

Es ist besser, wenn wir alternative Wörter für das finden, was wir eigentlich sagen möchten: "Ich möchte...", "Sport zu machen, hilft mir...", "Es ist clever heute schon anzufangen...", "Das Beste für mich ist, wenn ich..."

Eigene Labels

Wir sollten uns und andere nicht mit negativen Labels kategorisieren. Grobe Kategorisierungen hindern uns daran, kleine Unterscheidungen deutlich zu machen und beeinflussen unsere Effektivität.

Zu Labels oder Kategorisierungen gehören Gedanken wie Idiot, arrogant und unverantwortlich.

Anstatt: "Ich Idiot."
Besser: "Was ich gerade gemacht habe, war nicht wirklich clever. Das passt nicht zu mir."

Wir selbst geben uns die Bedeutung, die wir empfinden.

Alles auf sich beziehen

Wenn uns jemand nicht zurückgerufen hat, bedeutet es nicht, dass die Person sauer auf uns ist. Wir dürfen nicht alle

Ereignisse, die in dieser Welt passieren auf uns zurückführen.

Es gibt häufig unzählige Gründe dafür, warum etwas nicht passiert ist oder so passiert ist, wie es passiert ist.

Es gibt keinen Grund jedes Ereignis auf uns selbst zu beziehen.

Mark hat vielleicht nicht zurückgerufen, weil er krank ist, am Arbeiten ist, einen Unfall hatte, im Ausland ist oder in anderen Prioritäten versinkt.

Marie hat heute vielleicht so reagiert, weil sie einen anstrengenden Tag mit den kleinen Zwillingen hatte.

Es ist wichtig, dass wir auf unsere innere Stimme achten und Negativität und hinderliche Denkmuster bewusst angehen.

28 UNSER INNERER KRITIKER

Wir sind heute dort, wo unsere Gedanken uns hingebracht haben. Wir werden morgen da sein, wo uns unsere heutigen Gedanken hinbringen.

Was wäre, wenn wir unsere negativen Gedanken in positive Gedanken umwandeln würden? Was wäre, wenn wir uns selbst aufbauen statt runterziehen würden?

Was wäre, wenn wir unsere beschränkende Denkmuster ablegen und mit unbegrenzten Möglichkeiten ersetzen würden? Was wäre, wenn unser innerer Kritiker zu unserem inneren Motivator werden würde?

Was wäre, wenn unsere innere Stimme uns aufbauen, motivieren und inspirieren würde? Was wäre dann alles für uns und unser Leben möglich?

Genauso wie unsere Eltern wünscht uns auch unsere innere kritische Stimme nur das Beste, wenn sie uns kritisiert. Sie möchte, dass wir von dem besseren Verhalten profitieren. Das Problem ist nur, dass sie dies nicht richtig kommuniziert.

Als Kinder wurden wir vielleicht angeschrien oder aufs Zimmer geschickt, wenn wir etwas Unüberlegtes getan haben, wie zum Beispiel vor ein fahrendes Auto zu laufen.

Das, was unsere Eltern uns eigentlich sagen wollten, war: "Ich liebe dich. Ich möchte nicht, dass du von einem Auto angefahren wirst. Ich möchte, dass du bei mir bleibst und gesund und glücklich heranwachsen kannst."

Doch haben sie leider häufig nur einen Teil der Nachricht kommuniziert: "Was ist los mit dir? Kannst du nicht nachdenken? Du weißt doch, dass du nicht auf die Straße laufen sollst. Geh auf dein Zimmer und denk darüber nach, was du getan hast!"

In der Angst uns zu verlieren, haben sie nur ihre Wut zum Ausdruck gebracht.

Hinter ihrer Wut gab es eigentlich noch viel mehr zu sagen, was nicht wirklich übermittelt wurde. Dazu gehören Angst, eine konkrete Bitte und Liebe.

Eine vollständige Nachricht wäre:

Wut: "Ich bin wütend auf dich, dass du auf die Straße läufst, ohne nach links und rechts nach fahrenden Autos zu schauen."

Angst: "Ich habe Angst, dass du dich stark verletzt oder stirbst."

Konkrete Bitte: "Ich möchte, dass du vorsichtiger bist, wenn du an der Straße spielst. Halte an und schaue dich um, bevor du auf die Straße rennst."

Liebe: "Ich liebe dich so sehr. Ich wüsste nicht, was ich ohne dich tun soll. Du bist so wertvoll für mich. Ich möchte, dass du gesund und sicher bist. Ich möchte, dass du ein langes und glückliches Leben führst."

Es ist erstaunlich, was für eine inspirierende und motivierende Nachricht sich hinter dieser groben Reaktion eigentlich verbirgt.

Es ist wichtig, dass wir so auch mit uns selbst umgehen. Wir können diese Ebenen der Nachricht schriftlich strukturieren und festhalten. Es ist, als würden wir aus der Zukunft mit uns selbst reden.

Was sind die Dinge, für die wir uns hart kritisieren? Was sind es für Dinge, die wir tun sollten, aber nicht tun?

Einige Beispiele könnten sein:
- Du machst nicht genug Sport.
- Du hast zu viel Gewicht zugenommen.
- Du bist eine faule Couch-Potato geworden.
- Du trinkst zu viel Alkohol und isst zu viel Süßes.
- Du musst deine Kohlenhydrate senken.
- Du solltest weniger TV schauen und früher schlafen gehen.
- Wenn du früher aufstehen würdest, hättest du genug Zeit für ein kurzes Workout.
- Du bist total faul. Warum bringst du die Dinge nicht zu Ende, die du angefangen hast?!

Die einzelnen Beispiele könnten in die einzelnen Bereiche Wut, Angst, konkrete Bitte und Liebe strukturiert werden.

Es ist wichtig, dass wir dabei so konkret wie möglich werden.

Anstatt: "Ich möchte, dass du gesünder isst."
Besser: "Ich möchte, dass du jeden Morgen einen Smoothie in dein Frühstück integrierst." oder "Ich möchte, dass du Vollkorn und Wildreis anstelle von Weißmehl in deine Ernährung integrierst."

Ein konkretes Beispiel wäre:

Wut: Ich bin wütend auf dich, weil du deinen Körper und deine Gesundheit vernachlässigst. Du bist eine faule Socke geworden. Du trinkst zu viel Alkohol und isst zu wenig gesunde Lebensmittel. Du hast überhaupt keine Selbstdisziplin mehr. Alles, was du tust, ist rumsitzen und TV schauen. Deine Kleider passen dir nicht mehr und du siehst schrecklich aus.

Angst: Wenn du nichts änderst, wirst du weiter zunehmen und ernsthafte gesundheitliche Probleme erleiden. Ich habe Angst, dass deine Cholesterinwerte steigen und du einen Herzinfarkt erleidest. Ich habe Angst, dass du an Diabetes erkrankst.

Ich habe Angst, dass du dich niemals ändern wirst und du jung sterben wirst, ohne deine Träume zu verwirklichen. Ich habe Angst, dass dich keiner attraktiv findet, wenn du nicht anfängst, etwas zu verändern.

Konkrete Bitte: Ich möchte, dass du anfängst, mindestens 2 Mal pro Woche Sport zu machen. Ich möchte, dass du jeden Tag eine Stunde weniger TV schaust und diese Zeit für die Zubereitung von gesunden Mahlzeiten nutzt.

Ich möchte, dass du frittierte Lebensmittel reduzierst und frisches Obst und Gemüse integrierst. Ich möchte, dass du mehr stilles Wasser trinkst.

Liebe: Ich liebe dich. Ich möchte, dass du noch eine lange Zeit da bist. Ich möchte, dass du eine wundervolle Beziehung erleben kannst. Ich möchte, dass du gut in deiner Kleidung aussiehst und dich gut fühlst. Ich möchte, dass alle deine Träume wahr werden. Du hast es verdient ein erfülltes Leben zu leben und jeden Moment bewusst wahrzunehmen. Ich möchte, dass du glücklich bist.

Wann immer wir uns selbst kritisieren, sollten wir bewusst darauf reagieren: "Danke, dass du dich um mich sorgst. Was ist deine Angst? Was möchtest du, dass ich tue? Wie hilft mir das? Danke."

Mit diesem einfachen Vorgehen, können wir unsere Beziehung zu uns selbst verändern und aufhören, uns verbal selbst zu bestrafen und zu kritisieren.

Wir können die Energie, die wir haben nicht gegen uns, sondern für uns nutzen.

Wie alles im Leben reicht es nicht nur zu wissen, was wir tun sollten. Wir müssen es auch umsetzen. Niemand außer wir selbst kann dies für uns tun.

29 EIGENE GRENZEN ÜBERWINDEN

Unser Unterbewusstsein diskutiert nicht mit uns. Es akzeptiert das, was unser Bewusstsein vorgibt. Wenn wir sagen, "Ich kann mir das nicht leisten" tut unser Unterbewusstsein alles, damit wir Recht behalten.

Es gibt begrenzende Denkmuster, die uns von der Erreichung unserer Ziele abhalten. Dazu gehören Denkmuster über unsere Fähigkeiten; Überzeugungen, was wir brauchen, um unsere Ziele zu erreichen; wie wir mit anderen Menschen umgehen sollten oder alltägliche Mythen.

Das Problem ist, dass die meisten Glaubens- und Denkmuster über uns selbst darauf basieren, was andere über uns denken. Wenn dies zutrifft, lassen wir andere darüber bestimmen, was für uns in unserem Leben möglich ist.

Wir sind ständig auf der Suche nach Hinweisen, dass wir clever, lustig, freundlich oder schön sind. Und wenn uns andere als Feedback zurückspiegeln, dass wir es sind, glauben wir es. Erhalten wir als Feedback, dass wir es nicht sind, dann glauben wir es auch.

Wir sollten immer berücksichtigen, dass es Menschen geben wird, die uns und das, was wir machen mögen und dass es Menschen geben wird, die es nicht mögen. Nicht jeder wird uns attraktiv oder lustig finden.

Wir sind die Einzigen, die wissen, wozu wir in der Lage sind und die darüber entscheiden, was für uns richtig ist. Es ist wichtig, dass wir begrenzende Denkmuster identifizieren und mit motivierenden Denkmustern ersetzen.

Eines der zerstörerischsten Denkmuster ist: "Ich kann es nicht." Es gibt unzählige Beispiele für Personen, die es geschafft und gezeigt haben, dass es möglich ist.

Und doch entscheiden sich einige Personen dazu zu glauben, dass sie nicht schlau genug sind oder, dass es niemanden gibt, der ihnen zeigen kann, wie das geht. Diese Denkmuster haben ihre Wurzeln in unserer Kindheit entwickelt.

Uns wurde ständig gesagt, dass etwas zu schwer, zu groß, zu klein, zu schnell oder zu kompliziert für uns ist: "Schatz, das ist zu schwer für dich. Lass mich das für dich machen. Vielleicht nächstes Jahr. Lern zuerst... dann kannst du es versuchen."

Manchmal tragen wir dieses Gefühl der Unfähigkeit unser ganzes Leben in uns. Manchmal wird dieses Gefühl durch Fehler am Arbeitsplatz, Misserfolge und andere Rückschläge verstärkt.

Wie würde sich unser Leben verändern, wenn wir dieses Gefühl ablegen und eine andere Einstellung einnehmen würden?

Zum Beispiel: "Ich kann und bin in der Lage dies zu tun. Andere haben es schon vor mir geschafft. Und wenn es etwas gibt, was ich nicht weiß, gibt es jemanden, der mir zeigen kann, wie das geht."

Es könnte den Unterschied ausmachen zwischen "Ich hätte es fast geschafft" und "Ich habe es geschafft".
Der Glaube daran, es schaffen zu können und die Überzeugung, dass wir es wert sind, sind die Grundpfeiler des Selbstwertgefühls.

Es gibt bereits viele Dinge in unserem Leben, die uns schwer schienen und die wir trotzdem erfolgreich gemeistert haben. Diese Dinge geben uns Zuversicht für die Zukunft.

Es gibt verschiedene begrenzende Denkmuster und Sprüche, die wir im Laufe unseres Lebens aufgenommen haben und die uns negativ beeinflussen:

- Geld wächst nicht auf Bäumen.
- Kannst du nichts richtig machen?
- Bei mir klappt eh nichts, also warum versuchen?
- Kinder haben nichts zu sagen.
- Ich muss leise sein, wenn ich geliebt werden möchte.
- Iss alles, was auf den Tisch kommt. Andere Kinder haben nichts zu essen.
- Ich sollte aufessen, auch wenn ich schon satt bin.
- Jungs weinen nicht.
- Es ist nicht angebracht, meine Gefühle zu zeigen. Besonders, wenn ich traurig bin.
- Verhalte dich wie eine Dame.
- Sei nicht kindisch (verrückt, albern, spontan).
- Die einzige Person, an die du denkst, bist du.
- Es ist nicht OK an sich zu denken.
- Du bist nicht gut genug, um auf die Uni zu gehen.
- Ich bin zu dumm dafür.
- Niemand findet mich attraktiv.
- Keiner interessiert sich für unsere Probleme.

- Ich muss das, was tatsächlich in mir vorgeht, verstecken.
- Keiner ist an deiner Meinung interessiert.
- Was ich denke, ist nicht wichtig.

Es gibt verschiedene Möglichkeiten seine begrenzenden Denkmuster zu überwinden. Die folgenden vier Schritte können dabei helfen:

1. Welches Denkmuster habe ich, das ich ändern will?

2. Wie schränkt mich dieses Denkmuster ein?

3. Wie würde ich lieber sein, mich verhalten und fühlen?

4. Was ist das neue Statement, das mich unterstützt, so zu sein, zu handeln und zu fühlen, wie ich mir das wünsche?

Ein konkretes Beispiel wäre:

1. Mein begrenzendes Denkmuster ist, dass ich glaube, ich müsste immer alles alleine machen und es nicht OK ist, nach Hilfe zu fragen, weil dies ein Zeichen für Schwäche ist.

2. Es begrenzt mich, indem ich nicht nach Hilfe frage. Ich mache alles selbst, kann meine Termine nicht einhalten, bleibe zu lange wach und finde nicht genug Zeit für mich und meine Familie.

3. Ich möchte, dass es sich für mich normal anfühlt, nach Hilfe zu fragen und dass es mich nicht schwach fühlen lässt. Es erfordert Mut, nach Hilfe zu fragen. Ich frage nach Hilfe, wenn ich es brauche.

4. Mein neues Statement ist: "Es ist OK nach Unterstützung zu fragen."

Andere Statements könnten sein:

Negativ: Es ist nicht OK auf seine eigenen Bedürfnisse zu achten.
Besser: Meine Bedürfnisse sind genauso wichtig, wie die der anderen.

Negativ: Wenn ich meine wahren Gefühle zum Ausdruck bringe, denken andere, dass ich schwach bin und nutzen es aus.
Besser: Je mehr ich meine wahren Gefühle teile, desto mehr lieben, respektieren und unterstützen mich andere.

Negativ: Ich mache nichts richtig, warum also versuchen?
Besser: Ich mache viele Dinge richtig, und jedes Mal, wenn ich etwas Neues versuche, lerne ich daraus und werde besser.

Durch regelmäßige Wiederholung der neuen Statements können wir unsere Sichtweise und Denkmuster stückweise verändern und auf unsere persönlichen Ziele ausrichten.

30 EFFEKTIVE KOMMUNIKATION

"Der Unterschied zwischen dem fast richtigen Wort und dem richtigen Wort ist gigantisch." - Mark Twain

Auf dem Weg unsere selbst gesetzten Ziele zu erreichen, werden wir mit Menschen kommunizieren, die uns wichtig sind. Wir werden sie um Hilfe oder Verständnis bitten, überzeugen, motivieren oder inspirieren.

Effektive Kommunikation ist das richtige Einsetzen von Sprache, um eine Botschaft klar, überzeugend und auf den entsprechenden Kontext zugeschnitten übermitteln zu können.

Die Worte, die wir dabei wählen, sind sehr wichtig. Es reicht nicht aus, nur irgendetwas zu sagen. Der Empfänger bestimmt die Botschaft. Wir erreichen andere Menschen nicht über Logik und Verstand, sondern über Herzen und Emotionen. Es ist wichtig, zu verstehen, wie unsere Worte unsere eigenen Emotionen und die Emotionen anderer beeinflussen.

Für die richtige Kommunikation gibt es kein Pauschalrezept, welches immer funktioniert. Jede Situation ist völlig unterschiedlich und erfordert andere Worte, eine andere Körpersprache und eine andere Tonlage. Die Worte, die in der einen Situation angebracht wären, könnten in einer anderen Situation völlig missverstanden werden.

Richtige Kommunikation gelingt nicht dadurch, dass wir einfach ein paar Sätze auswendig lernen. Vielmehr müssen wir uns und unseren Gegenüber verstehen und darauf eingehen.

Die Kommunikation mit anderen Menschen basiert nicht auf Logik, sondern Emotionen. Menschen handeln und treffen Entscheidungen anhand ihrer Emotionen, Vorurteile, Stolz und Eitelkeit.

Nicht das, was sie denken, sondern das, was sie fühlen, bestimmt ihr Handeln. Es ist wichtig, dass wir die unterschiedlichen Emotionen in einem Gespräch erkennen können. Umso besser wir wissen, welche Emotionen mit unserem Gesagten bei uns und anderen ausgelöst werden, desto einfühlsamer und präziser können wir das vermitteln, was wir sagen wollen.

Es ist wichtig, dass sie nicht nur hören, was wir sagen wollen, sondern es auch fühlen. Gesagtes, das nicht das Herz anspricht und keine Emotionen weckt, hat nur sehr geringen Einfluss.

Alles, was wir sagen, sollte das Leben anderer verbessern. Wenn wir nichts Gutes zu sagen haben, sollten wir lieber nichts sagen. Wir sollten so positiv sprechen, wie es irgendwie möglich ist. Wir beeinflussen dadurch unser eigenes und das Leben anderer zum Guten.

Besonders, wenn wir andere kritisieren, sollte dies mit Liebe und Respekt erfolgen. Wenn wir Kritik erhalten, neigen wir dazu, eine Abwehrhaltung einzunehmen. Das Gleiche passiert auch bei anderen. Es ist wichtig, dass wir auf emotionaler Ebene deutlich machen, dass uns die Person wichtig ist und wir an ihrem Wachstum interessiert sind.

Richard Pallman

Mit gut gewählten Worten können wir den Verstand und das Herz erreichen.

Wenn wir effektiv kommunizieren, finden wir die richtigen Wörter zur richtigen Zeit mit dem richtigen emotionalen Ton.

Dies erfordert, dass wir in emotional geladenen Situationen, in denen wir beispielsweise wütend werden, über unseren eigenen Schatten springen, unsere Wut kontrollieren und so handeln, wie es für uns und andere am Besten ist.

Wenn wir uns bewusst darüber sind, dass Emotionen nur chemische Reaktionen in unserem Körper sind, fällt es uns leichter, aufkommende Emotionen zu beobachten und bewusste Entscheidungen zu treffen. Unsere Emotionen kontrollieren dann nicht uns, sondern wir sie.

31 WIR MÜSSEN AUCH NEIN SAGEN KÖNNEN

"Wir brauchen uns nicht von den Erwartungen anderer Leute terrorisieren zu lassen." - Sue Patton Thoele

Durch die technologischen Möglichkeiten sind wir heute mit mehr Menschen verbunden, als es jemals in der Geschichte der Menschheit möglich war. Jeder kann uns per Telefon, Textnachricht, Fax, E-Mail und Social Media erreichen.

Wir sind über das Smartphone auf der Arbeit, Zuhause und unterwegs erreichbar. Sobald wir mal nicht erreichbar sind, können Sprachnachrichten hinterlassen werden.

Jeder möchte ein Stück von uns. Unsere Kollegen wollen Aufgaben bei uns abladen, die nicht in unserem Verantwortungsbereich liegen. Unsere Kinder wollen abgeholt und weggebracht werden. Unser Vorgesetzte möchte, dass wir Überstunden machen und bestimmte Dinge fertigstellen.

Unsere Schwester möchte, dass wir ihre Kinder übers Wochenende zu uns nehmen. Unsere Eltern wollen, dass wir vorbeikommen und den Fernseher reparieren. Und unsere Freunde wollen mit uns über ihre Probleme sprechen. Sogar unsere Haustiere sehnen sich nach mehr Aufmerksamkeit von uns.

Die Gefahr besteht, dass wir mehr Arbeit annehmen, als wir bewältigen können, um andere zu beeindrucken oder deren Erwartungen gerecht zu werden.

Es gibt immer etwas zu tun. Und wenn wir nicht darauf achten die Dinge zu tun, die uns wichtig sind und uns dorthin bringen, wo wir sein wollen, werden wir nie dort ankommen.

Es ist wichtig, dass wir unsere eigenen Prioritäten im Blick behalten und lernen "Nein" zu sagen. Nur so können wir die Dinge erledigen, die wir zu erledigen haben.

Am Besten vollständig entfernen

Wenn wir unser Einkommen erhöhen, unsere Gesundheit verbessern, qualitative Freundschaften erleben oder die Anzahl unserer freien Tage erhöhen wollen, ist es wichtig, dass wir Aufgaben nicht einfach nur verlagern, sondern vollständig entfernen.

Die einfachste Möglichkeit eine Aufgabe von der To-do-Liste zu entfernen, ist diese einfach durchzustreichen.

Es ist wichtig, dass wir unsere Aktivitäten so strukturieren, dass wir unsere Zeit, Energie und Ressourcen auf die Menschen, Chancen und Projekte lenken, die unser Leben erfüllen.

Es ist wichtig, dass wir eine klare Vorstellung davon haben, wozu wir "Ja" und wozu wir "Nein" sagen. Dabei kann eine einfache Nicht-mehr-tun-Liste helfen. Wir können all die Dinge aufschreiben, die wir nicht mehr tun werden.

Viele Personen sind beschäftigt, aber nicht diszipliniert. Sie sind aktiv, aber nicht fokussiert. Sie bewegen sich vorwärts, aber nicht immer in die richtige Richtung.

Mit einer Nicht-mehr-tun-Liste können wir einen klareren Fokus in unser Leben bringen.

"Nein" zu sagen, ist nicht immer leicht

"Nein" zu sagen ist wichtig, fällt den meisten jedoch sehr schwer. Das liegt häufig daran, dass wir als Kinder gelernt haben, dass "Nein" keine Antwort ist, die akzeptiert wird. Wenn Kinder mit einem "Nein" antworten, hat dies häufig disziplinarische Maßnahmen zur Folge. Während der Schulzeit oder der Ausbildung könnte ein "Nein" zu einer schlechteren Bewertung führen.

Glückliche und erfolgreiche Personen haben gelernt "Nein" zu sagen. Für sie ist ein "Nein" genauso wertvoll wie ein "Ja".

Entscheidend ist, wie wir das "Nein" kommunizieren. Es ist wichtig, dass wir deutlich machen, dass das "Nein" nichts mit ihnen sondern mit uns zu tun hat. Wir sagen "Nein", um uns zu schützen, eigene Aufgaben zu erledigen oder einfach mal zur Ruhe zu kommen.

Wenn uns jemand mit etwas scheinbar Wichtigem kontaktiert, können wir einfach die Wahrheit sagen: "Ich finde es gut, was du machst und würde dich gerne unterstützen. Ich habe in der letzten Zeit nur gemerkt, dass ich selten zu Hause war und einige wichtige Dinge vernachlässigt habe. Das möchte ich jetzt ändern. Ich werde nicht dabei sein können."

Die wenigsten Leute werden sich darüber aufregen, dass wir uns für etwas Wichtiges und Wertvolles entschieden haben. Es ist sogar viel wahrscheinlicher, dass sie uns für unsere Klarheit und Stärke respektieren.

Richard Pallman

Die 80-20-Regel

Blicken wir auf unser Leben zurück und schauen uns die Aktivitäten an, die uns am weitesten gebracht haben, stellen wir fest, dass nur 20 Prozent unserer Aktivitäten 80 Prozent unseres Erfolgs ausmachen.

Nur 20 Prozent der Aktivitäten haben uns den meisten Erfolg, finanziellen Gewinn und die meiste Freude gebracht. Es sind die wenigen wichtigen Aktivitäten, die uns dorthin bringen, wo wir sein wollen.

Die 80-20-Regel trifft auf die unterschiedlichsten Bereiche des Lebens zu und wird auch das Pareto-Prinzip genannt.

Es bedeutet, häufiger "Nein" zu sagen, um Zeit für die Dinge zu haben, die uns wirklich voranbringen.

Wir können Aktivitäten reduzieren, die unsere kostbare Zeit rauben und unsere Zeit nutzen, um uns auf unsere Familie, Beziehung und Gesundheit zu fokussieren.

Indem wir lernen "Nein" zu Chancen und Aufgaben zu sagen, schaffen wir Raum für großartige Erlebnisse und Aktivitäten.

32 PERSÖNLICHES WACHSTUM

"Das Ziel des Lebens ist es, sich weiterzuentwickeln und sich selbst zu verstehen." - Oscar Wilde

Erfolg ist das, was wir sind und nicht das, was wir besitzen. Deshalb ist die Basis des Erfolgs Wachstum.

Sich selbst weiterzuentwickeln und zu wachsen ist das beste Geschenk, das wir uns und anderen machen können.

Je mehr Weisheit wir erlangen, je mehr Fähigkeiten wir meistern und je mehr wir wachsen, desto besser können wir als Freund, Partner, Geschwister oder Arbeitskollege sein.

Es geht nicht darum, sich von heute auf morgen radikal zu verändern. Es geht darum, jeden Tag ein Stück zu wachsen und besser zu sein als am Tag zuvor.

Durch persönliches Wachstum schaffen wir ein besseres Leben für uns und die Menschen um uns herum.

Wie starten wir in den Tag, wenn wir morgens aufstehen? Versuchen wir durch den Tag zu kommen oder versuchen wir etwas aus dem Tag mitzunehmen? Jeder Tag bietet uns die Möglichkeit, zu wachsen und sich weiterzuentwickeln.

Wir können jeden Tag nutzen, um nur einen kleinen Schritt vorwärts zu machen. Ein klein wenig schlauer, ein klein wenig gesünder und ein klein wenig besser, in dem was wir tun.

Mit kleinen täglichen Handlungen, etwas Geduld und Durchhaltevermögen werden wir alles erreichen, was wir uns vorstellen können. Wir können die größten Entfernungen mit einem gleichmäßigen Marsch zurücklegen.

Sokrates gehörte zu den weisesten Menschen seiner Zeit und sagte einmal: "Ich weiß, dass ich nichts weiß." Je mehr er entdeckte, desto mehr erkannte er, wie viel es noch zu entdecken gibt.

Wachstum ist grenzenlos. Es gibt keine Grenzen dafür, wie intensiv unsere Gefühle sein können. Es gibt keine Grenzen dafür, wie liebevoll wir sein können. Es gibt keine Grenzen dafür, wie viel Gutes wir tun können.

Je mehr wir erreichen, desto mehr Möglichkeiten werden wir erkennen. Wichtig ist nur zu wissen, dass es ein lebenslanges Abenteuer ohne Grenzen ist.

Wachstum und unsere Gefühle

"Lass traurige Ereignisse dich traurig machen. Lass fröhliche Ereignisse dich fröhlich machen. Es ist wichtig zu lernen, wie man fühlt. Es ist wichtig, das Leben zuzulassen."
— Jim Rohn

Was ist der Sinn von Bungee Jumping, wenn wir nichts dabei fühlen würden? Was ist der Sinn dabei, morgens aufzustehen und den Sonnenaufgang zu beobachten, wenn unser Herz und unsere Seele davon unberührt bleiben würden?

Das Wachstum unseres Herzens und unserer Seele ist genauso wichtig, wie das Wachstum unseres Verstandes. Es geht nicht nur darum, mehr Wissen aufzunehmen und neue Fähigkeiten anzueignen. Es ist wichtig, dass wir unsere Persönlichkeit weiterentwickeln.

Das Leben ist die Breite und Tiefe der Emotionen, die wir auf unserer Reise erleben. Das Leben wird durch die Intensität unserer Gefühle bestimmt, die wir verspüren, nachdem wir erfolgreich waren oder gescheitert sind.

Große Erfolge sollten bewusst gefeiert und Niederschläge sollten nicht zu schnell verdrängt werden. Diese unterschiedlichen Emotionen sind ein wichtiger Teil unseres Lebens und helfen uns, zu wachsen. Wir wachsen sowohl durch die Freude des Erfolgs als auch durch die Schmerzen des Misserfolgs.

Wachstum und Wissen

Wissen ist nicht gleich Wissen. Es gibt das Aufnehmen von Wissen. Das Verstehen des aufgenommenen Wissens. Das Wissen, wie man das Wissen anwenden kann, um das eigene Leben und das Leben anderer zu verschönern. Und Wissen, um zu wissen, welches Wissen einem noch fehlt.

Es gibt drei Fragen, die wir uns stellen sollten: Welches Wissen brauche ich, um das zu erreichen, was ich vorhabe? Welches Wissen fehlt mir noch? Wie kann ich mir dieses Wissen aneignen?

Durch die technologische Entwicklung steht uns heute mehr Wissen zur Verfügung als jemals zuvor. Es geht nicht nur darum zu wissen, sondern auch zu verstehen.

Wissen und Verständnis sind zwei verschiedene Dinge. Wissen ist nichts weiter als Informationen, die wir über die Zeit aufgenommen haben.

Es hilft uns vielleicht, vor unseren Freunden oder Arbeitskollegen gebildet zu wirken, ist an sich jedoch weniger nützlich.

Verständnis ist das Wissen, das wir transformiert haben, um daraus Erkenntnisse zu gewinnen, wie wir unser Leben und das Leben anderer verbessern können.

Verständnis beginnt mit der Frage: Was kann ich mit diesem Wissen anfangen? Es ist wichtig, dass wir das Gelernte auch anwenden.

"Wir können niemandem etwas beibringen. Wir können anderen nur dabei helfen, es für sich selbst zu finden." - Galileo Galilei

Es gibt nichts Wissenswertes, das einem einfach nur beigebracht werden kann. Es muss durch persönliche Erfahrung entdeckt werden. Wir können nicht alleine durch Theorie wachsen und uns weiterentwickeln. Es muss durch praktisches Handeln erlebt werden.

Wir wissen nicht, was Liebe ist, wenn wir nur darüber geredet haben. Wir wissen nicht, was Führung und Verantwortung sind, wenn wir nur darüber gelesen haben.

Das Lernen aus den Erfahrungen anderer hilft uns jedoch, schneller und mit weniger schmerzhaften Erfahrungen ans Ziel zu kommen.

Wachstum ist etwas, das am Rande unserer Komfortzone beginnt. Es ist nicht leicht aber notwendig, wenn wir unser volles Potenzial erreichen wollen und mehr über uns selbst, andere und die Welt erfahren wollen.

33 WAS IST ERFOLG?

"Für mich war Erfolg immer ein Lamborghini. Jetzt habe ich einen und er steht einfach nur auf meiner Einfahrt herum."
- Curtis Jackson ("50 Cent")

Erfolg ist mehr als materieller Reichtum, Luxus, Ruhm und Anerkennung.

Erfolg ist der Respekt, den unsere Familie, unsere Freunde und wir selbst uns entgegenbringen. Es ist nicht der Luxus, sondern die Tiefe unseres Herzens, unserer Seele und unseres Geistes.

Es geht nicht darum, etwas zur Schau zu stellen, sondern selbstbewusst für die Dinge einzustehen, die einem wichtig sind.

Geld oder Reichtum ist nicht alles, was es auf dieser Welt zu erreichen gibt. Wir sind nackt auf diese Welt gekommen und werden nackt von dieser Welt gehen.

Jedes Geld dieser Welt garantiert kein zufriedenes und erfülltes Leben. Ein Haus voller Geldscheine ist voll und doch leer.

Es gibt viele Milliardäre, die ihr ganzes Leben daran gearbeitet haben, ihren Wohlstand zu erhöhen und irgendwann niemanden hatten, mit denen sie ihre Freude und ihren Erfolg aufrichtig teilen konnten.

Zum Erfolg gehören Beziehungen, Freiheit, Geld, Gesundheit, Familie und persönliches Wachstum.

Wir sind erfolgreich, wenn wir das erreichen, was wir uns selbst als Ziel gesetzt haben. Dabei ist es egal, ob wir eine Zusage für unseren Traumjob erhalten, uns eine gute Gewohnheit aneignen oder den Mount Everest bezwingen.

Erfolg bedeutet das beste Leben zu leben, das für uns möglich ist und die Zeit zu nutzen, die uns auf dieser Erde gegeben ist.

Erfolg ist relativ und von Person zu Person völlig unterschiedlich. Jeder wird in ein anderes Umfeld geboren, hat andere Umstände und Herausforderungen zu bewältigen.

Um erfolgreich sein zu können, müssen wir für uns selbst klar definieren, was Erfolg für uns persönlich bedeutet. Was wollen wir in der uns gegebenen Zeit erleben? Was motiviert, belebt, inspiriert und erfüllt uns?

Echter Erfolg ist ein ausgeglichenes Leben mit Glück, Freundschaft, Beziehung, Familie Gesundheit, Wohlstand und Spiritualität.

Ausgeglichen bedeutet nicht, dass alles gleichmäßig verteilt ist. Ausgeglichen meint, das richtige persönliche Maß zur richtigen Zeit.

34 DER LAUF DES LEBENS

"Nachdem wir einen hohen Berg erklungen haben, stellen wir fest, dass es viele weitere Berge gibt, die erklungen werden können." - Nelson Mandela

Egal welchen Berg wir bezwingen, die Reise nach oben ist immer ähnlich. Es ist der Weg nach oben, der uns reizt und anspornt. Es geht um die erlebte Reise zur Spitze. Unabhängig vom Berg treffen wir immer auf Anstrengungen, Erfolge und Niederschläge.

Wenn wir auf Anstrengungen treffen, sollten wir sie genießen. Sie sind der Samen des Wachstums, der uns verändert und zum Erfolg führt.

Wenn wir auf Erfolge stoßen, sollten wir sie mit einem Lächeln im Gesicht genießen. Die Zeit mit Erfolg ist die Belohnung für die Anstrengung, die wir überwunden haben.

Wenn wir auf Misserfolg stoßen, sollten wir diesem mit Demut gegenübertreten, kurz innehalten und dann weitergehen. Verbringen wir zu viel Zeit mit Misserfolg, vergessen wir, wie Erfolg aussieht.

Wir alle erleben die Höhen und Tiefen, die Freuden und Sorgen, die warmen Sommer und die kalten Winter. Dies ist der natürliche Lauf des Lebens.

Richard Pallman

Auch wenn unsere Welt heute komplett anders wie vor 70 Jahren scheint, hat sich im Kern des Lebens nichts verändert.

Wir haben uns technologisch weiterentwickelt, können riesige Distanzen in kürzester Zeit zurücklegen, innerhalb weniger Sekunden mit Millionen von Menschen kommunizieren und vieles mehr.

Obwohl wir uns anders kleiden, ein komplizierteres Leben führen und völlig anders kommunizieren als es unsere Großeltern getan haben, ist das Leben im Kern gleich geblieben.

Das Leben wird immer Sonnenschein und Regen bringen. Das Leben wird immer eine Mischung aus Herausforderung und Chance sein. Was wir aus unseren Möglichkeiten machen, liegt in unserer Hand.

Jeder Moment hält nur einen kurzen Augenblick an und wird dann zur Vergangenheit. Wir sollten jede Sekunde und jede Stunde mit wertvollen Erlebnissen füllen. Indem wir die Zeit respektieren, respektieren wir uns und unser Leben.

Häufig erkennen wir den Wert einer Sache erst, wenn sie nicht mehr vorhanden ist. Das Problem mit der Zeit ist, sobald wir keine mehr davon haben, ist es erstmal vorbei.

Jeder Moment ist wertvoll und wir wissen nicht, wie viele wir davon noch haben. Auch wenn sich dies etwas melodramatisch anhören könnte, macht es dies nicht weniger wahr.

"Der reichste Mann auf dem Friedhof zu sein, ist mir nicht wichtig. Was mir wichtig ist, ist nachts vorm Schlafen sagen zu können: "Heute haben wir etwas Wunderbares getan." - Steve Jobs

Während wir unsere Träume verwirklichen, sollten wir im Hinterkopf behalten, dass alle materiellen Dinge, die wir auf dem Weg genießen, nur temporär sind. Sie könnten in jedem Augenblick absolut wertlos für uns werden.

Wichtiger ist, wer wir auf unserer Reise geworden sind. Dazu gehören Tugendhaftigkeit, Vernunft, Geduld, Freundlichkeit, Weisheit und Großzügigkeit.

Wir sind niemals zu alt oder zu jung, um unsere Träume zu verwirklichen oder uns neu zu erfinden.

Richard Pallman

35 WIR SIND EIN WUNDER

Die Wahrscheinlichkeit geboren zu werden, soll bei 1 zu 400 Trillionen liegen. Wir leben, atmen und sind ein Wunder.

Jede Sekunde auf dieser Erde ist ein Geschenk, das wir genießen können. Jeden Tag, den wir erleben, können wir etwas Neues entdecken und uns weiterentwickeln.

Wenn schwierige Herausforderungen aufkommen, haben wir keine Ausreden, sondern meistern sie. Wir sind nicht durchschnittlich, sondern individuell.

Wenn uns etwas herunterzieht, bleiben wir standhaft. Der Glaube an uns, den wir in uns tragen, übersteigt alles andere. Es gibt für uns keine unüberwindbaren Hindernisse, sondern nur unbegrenzte Möglichkeiten.

Wenn uns etwas zu Boden reißt, stehen wir wieder auf. Wir lernen aus unseren Fehlern und werden durch sie besser. Wenn etwas unmöglich scheint, spornt es uns an, dies zu erreichen.

Die einzige Person, die für unseren Erfolg verantwortlich ist, sind wir selbst. Das ist das, was uns erfolgreich macht. Das ist das, was wir sind.

From Good To Great

Richard Pallman

From Good To Great

QUELLEN UND STUDIEN

.

1. Bandura, A. (1986). From thought to action: Mechanisms of personal agency. New Zealand Journal of Psychology, 15, 1-17.

2. Barron, K. E., & Harackiewicz, J. M. (2001). Achievement goals and optimal motivation: A multiple goals approach. In C. Sansone & J.M. Harackiewicz (Eds.), Intrinsic and extrinsic motivation: The search for optimal motivation and performance (pp. 229-254). New York: Academic Press.

3. Bryan, J.F., & Locke, E.A. (1967). Goal setting as a means of increasing motivation. Journal of Applied Psychology, 51, 274-277.

4. Cauley, K. M., & McMillan, J. H. (2009). Formative

Assessment Techniques to Support Student Motivation and Achievement. Clearing House: A Journal of Educational Strategies, Issues and Ideas, 83(1), 1-6.

5. Chang, S-M. (2012). The effect of specific goals on EFL students' self-efficacy and performance on vocabulary learning. NCUE Journal of Humanities. 5(1), 53-74.

6. Cialdini, R. B. (2009). Influence: Science and practice (5th ed.). Boston, MA: Pearson.

7. Csikszentmihalyi, M. (1990). Flow: The psychology of optimal experience. New York: Harper Perennial.

8. Deci, E. L., & Ryan, R. M. (1985). Intrinsic motivation and self-determination in human behavior, New York, NY: Plenum Press.

9. Deci, E. L., & Ryan, R. M. (2000). The "what" and "why" of goal pursuits: Human needs and the self-determination of behavior. Psychological Inquiry, 11 (4), 227-268.

10. Dewett, T., (2007). Linking intrinsic motivation, risk taking, and employee creativity in an R& D environment. R&D Management, 37(1),197-2008.

11. Drucker, P. F. (1954). The Practice of Management, Harper & Row.

12. Earley, P. C. & Kanfer, R. (1985).The influence of component participation and role models on goal acceptance, goal satisfaction and performance. Organizational Behavior & Human Decision Process, 36(3), 378-390.

13. Elliot, A. J., & Fryer, J. W. (2008). The goal construct. In J. Shah, & W. Gardner (Eds.), Handbook of motivation science (pp. 235–250). New York: The Guilford Press.

14. Abuhamdeh, S., & Csikszentmihalyi, M. (2012). The

importance of challenge for the enjoyment of intrinsically motivated, goal-directed activities. Personality and Social Psychology Bulletin, 38, 317-330.

15. Ambrose, S. A., Bridges, M.W., DiPietro, M., Lovett, M.C., & Norman, M. K. (2010). How Learning Works: Seven Research-Based Principles for Smart Teaching. San Francisco, CA: Jossey-Bass.

16. Bandura, A. (1977). Self-efficacy: Toward a unifying theory of behavioral change. Psychological Review, 84, 191-215.

17. Bandura, A. (1997). Self-efficacy: The exercise of control. New York: Freeman.

18. Emmons, R. A., & Diener, E. (1986). A goal–affect analysis of everyday situational choices. Journal of Research in Personality, 20, 309–326.

19. Ferguson, Y., & Sheldon, K.M. (2010). Should goal-strivers think about 'why' or 'how' to strive? It depends on their skill level. Motivation and Emotion, 34, 253-265.

20. Getzels, J.W. and Csikszentmihalyi, M. (1976). The creative vision: A longitudinal study of problem finding in art. New York: Wiley.

21. Han, J. H., & Finkelstein, A. (2013) Understanding the effects of professors' pedagogical development with Clicker Assessment and Feedback technologies and the impact on students' engagement and learning in higher education. Computers and Education. 65 (1), 64-76.

22. Harackiewicz, J.M. & Sansone, C. (1991). Goals and intrinsic motivation: You can get there from here. In M.L. Maehr, & P.R. Pintrich (Eds.), Advances in motivation and achievement (Vol. 7, pp. 21-49). Greenwich, CT: JAI.

23. Hattie, J. & Timperley, H. (2007). The power of feedback.

Review of Educational Research, 77 (1), 81-112.

24. Horn, H.L., & Murphy, M.D. (1985).Low need achievers' performance: The positive impact of a self-determined goal. Personality and Social Psychology Bulletin, 11, 275-285.

25. Karakowsky, L., & Mann, S. L. (2008). Setting goals and taking ownership: Understanding the implications of participatively set goals from a causal attribution perspective.

26. Journal of Leadership & Organizational Studies, 14, 260–270.

27. Kelting-Gibson, L.M. (2005). Comparison of Curriculum Development Practices.

28. Educational Research Quarterly, 21(1), 26-36.

29. Klinger, E. (1977). Meaning and void: Inner experience and the incentives in people's lives. Minneapolis: University of Minnesota Press.

30. Kornell, K. (2009). Optimising learning using flashcards: Spacing is more effective than cramming. Applied Cognitive Psychology, 23, 1297-1317.

31. Kreibig, S. D., Gendolla, G.H.E., & Scherer, K.R. (2010). Psychophysiological effects of emotional responding to goal attainment. Biological Psychology. 84(1), 474-487.

32. Lang, J.M. (2013). Cheating Lessons: Learning from Academic Dishonesty. Cambridge, MA: Harvard University Press.

33. Latham, G. P., & Locke, E. A. (1979). Goal setting: A motivational technique that works. Organizational Dynamics, 8(2), 68-80.

34. Latham, G. P. & Locke, E. A. (2007). New developments

in and directions for goal-setting research. European Psychologist, 12(4), 290-300.

35. Lee, W. & Reeve, J. (2013). Self-determined, but not non-self-determined, motivation predicts actions in the anterior insular cortex: An fMRI study of personal agency. SCAN, 8(2013), 538-545.

36. Lepper, M. R., Greene, D., & Nisbett, R. E. (1973). Undermining children's intrinsic interest with extrinsic rewards: A test of the "overjustification" hypothesis. Journal of Personality and Social Psychology, 28, 129–137.

37. Locke, E. A., & Latham, G. P. (1990). A theory of goal setting and task performance. Englewood Cliffs, NJ: Prentice Hall.

38. Locke, E. A., & Latham, G. P. (2002). Building a practically useful theory of goal setting and task motivation: A 35-year odyssey. American Psychologist, 57, 705–717.

39. Locke , E.A., & Bryan, J.F. (1966). Cognitive aspects of psychomotor performance: The effects of performance goals on level of performance. Journal of Applied Psychology, 50, 417-420.

40. Marzano, R. J., Pickering, D. J., & Pollock, J. E. (2001). Classroom instruction that works. Alexandria, VA: ASCD.

41. Matsuhashi, A., & Gordon, E. (1985). Revision, addition, and the power of unseen text. In

42. S. Freedman (Ed.), The acquisition of written language: Response and revision (pp. 236–249). Norwood, NJ: Ablex.

43. Mento, A.J., Steel, R.P., & Karren, R.J. (1987). A meta-analytic study of the effects of goal setting on task performance. Organizational Behavior and Human Decision Processes, 39, 52-83.

44. Mitchell, T.R. (1982). Motivation: new direction for theory and research. Academy of Management Review,7(1), 80-8

45. Moeller, A. J., Theiler, J., & Wu, C. (2012). Goal setting and student achievement: A longitudinal study. Modern Language Journal, 96,153–169.

46. Morisano, D., Hirsh, J. B., Peterson, J. B., Pihl, R. O., & Shore, B. M. (2010). Setting, elaborating, and reflecting on personal goals improves academic performance. Journal of Applied Psychology, 95(2), 255-264.

47. Page-Voth, V., & Graham, S. (1999). Effects of goal setting and strategy use on the writing performance and self-efficacy of students with writing and learning problems. Journal of Educational Psychology, 91(2), 230-240.

48. Pintrich, P. R. (2000). The role of goal orientation in self-regulated learning. In M.

49. Shah, J. Y. & Kruglanski, A. W. (2008). Structural dynamics: The challenge of change in goal systems. In J. Y. Shah & W.L. Gardner (Eds.), Handbook of motivation science (pp. 217-229). Guildford Press.

50. Sitzmann, T., & Ely, K. (2011). A meta-analysis of self-regulated learning in work-related training and educational attainment: What we know and where we need to go.

51. Psychological Bulletin, 137, 421-442. doi:10.1037/a0022777.

52. Smith, K. G., Locke, E. A., & Barry, D. (1990). Goal setting, planning and organizational performance: An experimental simulation. Organizational Behavior & Human Decision Processes, 46, 118-134.

53. Stiggins, R. J. (2005). From formative assessment to assessment FOR learning: A path to success in standards-based

schools. Phi Delta Kappan, 87 (4), 324–28.

54. Vancouver, J. B., & Kendall, L. N. (2006). When self-efficacy negatively relates to motivation and performance in a learning context. Journal of Applied Psychology, 91, 1146-1153.

55. Vygotsky, L.S. (1978). Mind in society: the development of higher psychological processes. Cambridge, MA: Harvard University Press.

56. Boekaerts, P. R. Pintrich, & M. Zeidner (Eds.), Handbook of self-regulation (pp. 452–502). San Diego, CA: Academic Press.

57. Rader, L. A. (2005). Goal setting for students and teachers: Six steps to success. Clearing House, 78 (3), 123-126.

58. Roediger, H. L. & Karpicke, J. D. (2006). The power of testing memory: Basic research and implications for educational practice. Perspectives on Psychological Science, 1, 181-210.

59. Saphier, J., Gower, R. (1997). The skillful teacher: Building your teaching skills. Research for Better Teaching, Inc., Carlisle, MA.

60. Schunk, D. H. (1991). Goal setting and self-evaluation: A social cognitive perspective on

61. self-regulation. In M. L. Maehr & P. R. Pintrich (Eds.), Advances in motivation and achievement (Vol. 7, pp. 85–113). Greenwich, CT: JAI Press.

62. Schunk, D. H. (1990). Goal setting and self-efficacy during self-regulated learning. Educational Psychologist, 25, 71-86.

63. Schunk, D. H., & Ertmer, P. A. (1999). Self-regulatory processes during computer skill

acquisition: Goal and self-evaluative influences. Journal of Educational Psychology, 91, 251–260.

64. Schunk, D. H., & Rice, J. M. (1991). Learning goals and progress feedback during reading comprehension instruction. Journal of Reading Behavior, 23, 351–364.

65. Shah, J. & Gardner, W. (Eds.) (2008) Handbook of Motivation Science. New York: Guilford.

66. Shah, J.Y., Friedman, R., & Kruglanksi, A.W. (2002). Forgetting all else: On the antecedents and consequences of goal shielding. Journal of Personality and Social Psychology, 83, 1261-1280.

67. Whitten, W. B., & Bjork, R. A. (1977). Learning from tests: The effects of spacing.Journal of Verbal Learning and Verbal Behavior, 16, 465-478.

68. Wigfield , A. , & Eccles , J. (1992). The development of achievement task values: A theoretical analysis. Developmental Review, 12 , 265 – 310 .

69. Wiggins, G. & McTighe, J. (1998). Understanding by design. Alexandria, VA: Association of Supervision and Curriculum Development.

70. Zimmerman, B. J. (1990). Self-regulated learning and academic achievement: An overview. Educational Psychologist, 21, 3–17.

71. Zimmerman, B. J., & Kitsantas, A. (1999). Acquiring writing revision skill: Shifting from process to outcome self-regulatory goals. Journal of Educational Psychology, 91, 241–250.

Richard Pallman

From Good To Great

Die Ratschläge in diesem Buch sind vom Autor und vom Verlag sorgfältig erwogen und geprüft worden. Sie bieten jedoch keinen Ersatz für kompetenten medizinischen Rat. Alle Angaben in diesem Buch erfolgen daher ohne jegliche Gewährleistung oder Garantie seitens des Verlages oder des Autors. Eine Haftung des Autors bzw. des Verlages für Personen-, Sach- und Vermögensschäden ist ebenfalls ausgeschlossen.

Copyright © 2017 Richard Pallman

All Rights Reserved.

Cover Design by Emily Karen

Amazon Publishing

Herausgeber

SGS, Veronika Penner, Piperweg 43, 33813 Oerlinghausen

ISBN: 1546603832
ISBN-13: 978-1546603832

Richard Pallman

Printed in Poland
by Amazon Fulfillment
Poland Sp. z o.o., Wrocław